Ungleiche Paare

Können wir aus der Geschichte lernen?

Eine uralte, aber immer wieder spannende Frage.
Wir versuchen es! Wir stellen Ihnen Männer und Frauen, bekannte und unbekannte Personen aus der Vergangenheit vor und untersuchen, wie sie ihr Leben gestalteten. Natürlich hatten sie je nach Geschlecht, sozialer Stellung, Bildungsgrad usw. unterschiedliche Möglichkeiten. Das war früher nicht anders als heute. Aber genau wie wir heute wollten auch sie ein sinnvolles, ein gutes Leben führen. Um sie zu verstehen, schauen wir ihnen bei verschiedenen Tätigkeiten über die Schulter: beim Glauben, Lernen, Helfen und Arbeiten, beim Aufbauen von Strukturen und beim Ergreifen der Initiative.
Viel Spaß beim Entdecken!

Franziska Stocker-Schwarz (Hrsg.)

– *auf der Suche nach
dem richtigen Leben!*

SONDERAUSSTELLUNG
im bibliorama stuttgart

Dieser Begleitband erscheint zur Sonderausstellung „Ungleiche Paare" im bibliorama – das bibelmuseum in Stuttgart, die dort vom 31. Mai 2020 bis 21. Februar 2021 und im Stadtarchiv Wiesbaden vom 8. Juni bis zum 22. Juli 2021 gezeigt wurde. In Stuttgart wird sie in drei Jahren nochmals zu sehen sein.

Die Deutsche Bibliothek verzeichnet diese Publikation in der Deutschen Nationalbibliografie; detaillierte bibliografische Daten sind im Internet über http://dnb.ddb.de abrufbar.

© 2021, bibliorama – das bibelmuseum stuttgart, und Evangelischer Verlag Stuttgart GmbH

Alle Rechte vorbehalten. Ohne vorherige schriftliche Genehmigung des Verlags und der Württembergischen Bibelgesellschaft ist es nicht gestattet, dieses Werk – auch nur auszugsweise – in Daten- und Informationssysteme einzuspeichern oder auf mechanische, elektronische oder sonstige Weise in irgendeiner Form zu vervielfältigen, zu verbreiten oder zu senden.

Koordination und Redaktion: Franziska Stocker-Schwarz, Stuttgart
Fotos: Benjamin Ulmer, Stuttgart
Titelseite Foto: Claudia Renetzki, Wiesbaden
Lektorat: Isolde Bacher, text_dienst Stuttgart
Reprografie: Tebitron GmbH, Gerlingen
Gestaltung, Satz, Herstellung: Cornelia Fritsch, Leinfelden-Echterdingen
Druck: C. Maurer GmbH & Co. KG, Geislingen
www.bibelmuseum-stuttgart.elk-wue.de
www.wuebg.de
www.verlag-eva.de
ISBN 978-3-948882-17-4

INHALTSVERZEICHNIS

1. Beginn

7 Vorwort
Franziska Stocker-Schwarz

9 Grußwort
OKR Prof. Dr. Ulrich Heckel

10 Gestaltungsideen wachsen
Claudia Renetzki, Diplomdesignerin

14 Vernissage: Zur Begrüßung und Interviews
Franziska Stocker-Schwarz, Dr. Susanne Claußen, Jürgen T. Schwarz

22 Gedankenspaziergänge in der Ausstellung „Ungleiche Paare" – eine innere Reise zwischen den Welten
Beate Schuhmacher-Ries

2. Eindrücke

26 Fotografien und Texte aus der Ausstellung mit Zeichnungen von Sabine Bittner

3. Vertiefungen

72 Die Alamannen im Südwesten Deutschlands
Dr. Frank Zeeb

78 Valentin Dahlem. Ein bibelkundiger Bauer
Dr. Susanne Claußen

84 Magnus Friedrich Roos
Sebastian Schmauder

90 Ernst Franz Ludwig Freiherr Marschall von Bieberstein
Traudl Reichert

94 Unvergessen – Pauline, Herzogin von Nassau, und Königin Olga von Württemberg
Dr. Susanne Claußen

99 Ludwig Hofacker. Ein sprachgewaltiger Prediger
Franziska Stocker-Schwarz

110 Kurzvita der Autorinnen und Autoren

112 Leihgeber und Quellen

glauben

selbständig gemeinschaft

Lesen

Lernen

tätig
werden

nichts geleistet?

Farbenfroh leuchtet die Ausstellung „Ungleiche Paare – auf der Suche nach dem richtigen Leben"

Als Susanne Claußen und ich diese Ausstellung konzipierten, ahnten wir noch nicht, welche Umwälzungen das Jahr 2020 für die Menschen rund um den Globus auslösen würde. Die Corona-Pandemie brachte allen Einschränkungen ihrer persönlichen Bewegungsfreiheit und löste bei vielen große Ängste aus. Die Schau „Ungleiche Paare" zeigt auf, wie Kirchenfürsten und Adelsdamen, Bauersleute und Handwerker, Theologen und Juristen allesamt durch schwere Zeiten hindurchgingen. Ihre Fragen von damals sind auch die Fragen von heute: Wie können wir ein richtiges, ein ethisch gutes Leben führen? Welche Freiheit steht uns zu? Wie können wir das eigene Lebensglück gestalten?

Die Präsentation der „Ungleichen Paare" lässt beim Betrachter und bei der Betrachterin positive Impulse entstehen: Indem man sich in eine Kollage von Claudia Renetzki vertieft, reizen Farben, Grafik und Bilder die Sinne. Auf einer inneren Reise in die Welt von damals wachsen den Besuchern und Besucherinnen Momente der Hoffnung und Zuversicht zu.

Mit diesem Katalog sollen diese Sinneseindrücke unterfüttert werden. Ein bunter Strauß an Beiträgen wird dem geneigten Publikum vorgestellt. Geschrieben von unterschiedlichen Menschen: Wissenschaftler und Pfarrerin, Museumsbegleiterin und Theologe, Museumspädagogin, Religionswissenschaftlerin, Designerin und Fotograf. Verschiedene Handschriften prägen dieses Buch.
Möge es Ihnen, geschätzte Leserin, verehrter Leser, eine gewinnbringende Lektüre sein!

Franziska Stocker-Schwarz
Juni 2021

Grußwort

Im fünften Jahr seines Bestehens eröffnete das „bibliorama – das bibelmuseum stuttgart" im Mai 2020 eine Sonderausstellung der besonderen Art: „Ungleiche Paare – auf der Suche nach dem richtigen Leben". Facetten der Kirchengeschichte des südwestdeutschen Raums werden anhand von Personen vorgestellt. Dabei paarten die Kuratorinnen Dr. Susanne Claußen und Franziska Stocker-Schwarz jeweils zwei außergewöhnliche Menschen: Eine Persönlichkeit stammt aus Württemberg, die andere aus Nassau. Im Zusammenspiel von schon bekannten und noch unerforschten Namen erwuchs eine Schau, die kirchengeschichtlich interessante Zusammenhänge aus dem Alltagsleben origineller Menschen präsentiert.
Folgendes wird durch die Ausstellung deutlich: Die Kraft des Evangeliums veränderte schon ab dem 4. Jh. n. Chr. Menschen im Süden Deutschlands. Durch die Jahrhunderte hindurch hatten alle mit Schwierigkeiten zu kämpfen, die ihre jeweilige Zeit prägten. Dabei trug sie vor allem ihr Glaube, ihr Vertrauen in Gott.

Mit Beschränkungen zu leben, das ist in den Jahren 2020 und 2021 für die Menschen nicht nur in Deutschland erneut zu einer Herausforderung geworden. Jedoch kann auch heute die biblische Botschaft vom Kommen Jesu Menschen Hoffnung und Durchhaltekraft geben.
Daher freue ich mich, dass die Sonderausstellung „Ungleiche Paare – auf der Suche nach dem richtigen Leben" ab Juni 2021 in Wiesbaden gezeigt wird. Der Kooperation zwischen dem Evangelischen Dekanat Wiesbaden und dem Wiesbadener Stadtarchiv wünsche ich viel Erfolg.

Vielleicht wird diese Schau in den kommenden Jahren auch nochmals im bibliorama zu sehen sein. Mehr Besucherinnen und Besucher, als es bisher coronabedingt möglich war, hat sie auf jeden Fall verdient.

Prof. Dr. Ulrich Heckel
Oberkirchenrat

Gestaltungsideen wachsen

Liebe Franziska, liebe Susanne,

so begannen meine unzähligen E-Mails an Euch beide, und mit jedem gemeinsamen Austausch über die Inhalte der Ausstellung, die Texte und Recherchen, mit jedem Zuhören und Weiterdenken sind meine Gestaltungsideen gewachsen und haben immer mehr Form angenommen – eine Ausstellung über zwölf verschiedene Persönlichkeiten. Ungleich und ungewöhnlich, einmalig und doch jeweils gemeinsam als Paar einander gegenübergestellt, sehen sie sich an, sind sich zugewandt und gleichzeitig auf Augenhöhe mit den Betrachterinnen und Betrachtern – die ungleichen Paare.

Die eigens angefertigten zwölf Porträtzeichnungen von Sabine Bittner wandelten sich zu farbigen Silhouetten, gefüllt mit Fotografien und verschiedensten Hintergründen. Die Konzepte der einzelnen „Bildergalerien" – eine bunte Auswahl von kleinformatigen Bildern, Illustrationen, historischen Zeitdokumenten, Architekturplänen und Fotografien symbolischer Gegenstände – bringen als Collage das Handeln und den Charakter jeder einzelnen dieser Persönlichkeiten begreifbar nahe. Jeder in ihrer besonderen Zeit, und alle mit einem unverwechselbaren Profil.

Als Besucher bzw. Besucherin macht man sich auf den Weg in die Vergangenheit. Die Ausstellungsdramaturgie beginnt mit den ersten beiden Paaren eher schlicht und steigert sich hin zur großformatigen Landschaftsfotografie – die wunderschöne Landschaft der Schwäbischen Alb bei dem Paar Valentin Dahlem und Christina Schamler erstreckt sich über fast 5 Meter an der großen Wand der Stirnseite des Raums. Es folgt eine Einladung, auf dem Sofa bei Roos oder Bieberstein vor historischer Tapete mit einer klassischen Petersburger Hängung zu verweilen (die Bezeichnung Petersburger Hängung, oder auch Salonhängung, geht auf die üppig behängten Wände der Sankt Petersburger Eremitage zurück. Die russischen Zaren wollten möglichst viele ihrer Kunstschätze präsentieren, Reichtum und Macht demonstrieren). Diese Idee erwies sich beim Ausstellungsaufbau als echte Herausforderung, wurde aber von Bernd Richter mit seinem großartigen Team von Ligneolus-Messebau bravourös realisiert. Der gesamte Ausstellungsaufbau ging beeindruckenderweise innerhalb eines einzigen langen Tages, am 10. März 2020, perfekt über die Bühne. Alle Entwürfe und Ideen wurden technisch meisterhaft umgesetzt.

Der Kreis schließt sich am Ende der Ausstellung mit dem Paar „Olga und Pauline" (der Herzogin von Nassau und der Zarentochter und Königin von Württemberg), die beide, wie auf einer Bühne stehend, mit ihrer Präsenz und Stärke überzeugen und gemeinsam ein Ganzes bilden.

Aus dem Leitsatz „Die persönlichen Geschichten heute, im Hier und Jetzt erlebbar und anschaulich machen – und mitnehmen in die eigene Zukunft!" entwickelte sich schließlich die Installation der vier kleinen ganz verschiedenen Spiegel, kombiniert mit ausgewählten Begriffen wie „Gemeinschaft", „selbständig", „tätig werden" und „Glauben". Der Blick auf die sechs Paare fordert dazu auf, eigene Überzeugungen und Handlungen zu hinterfragen und das Eigene im Fremden zu erkennen – am Ende des Ausstellungsbesuchs das eigene Porträt (evtl. auch das des Partners, der Partnerin) zu erblicken – ein mögliches Innehalten, Reflektieren, Erkennen und Schätzen der eigenen Werte.

Die einzelnen Paare wurden als Stationen mit Zahlen von 1 bis 6 nummeriert, um eine klare Orientierung und mögliche Reihenfolge für die Besucher und Besucherinnen zu schaffen. Die Texte sind in übersichtliche einzelne Textblöcke aufgeteilt und werden klar und gut lesbar präsentiert. Die optimale Schriftart, entsprechende Schriftgrößen, Zeilenlängen und Farbkontraste fördern bei aller Fülle der Informationen die Lesefreude und Übersichtlichkeit fast wie von selbst. Für mich ständig im Hinterkopf dabei: die konkreten Vorstellungen und Ansprüche des bibliorama, das Ziel, auch Brücken von der Dauerausstellung des Museums zu dieser temporären Sonderausstellung zu bauen. Aufgelockert wird der gesamte Raum mit passenden Exponaten, präsentiert in frei im Raum stehenden Glasvitrinen. Aus dem ausgestellten alamannischen Goldblattkreuz entwickelte sich – freigestellt und als Umrissform abstrahiert – eine Art Logo, ein wiederkehrendes Symbol für das gesamte Corporate Design der Ausstellung: Im gedruckten Folder, in den Anzeigen und sogar bei den Namensschildern unter den Porträts wurde das Kreuz, teils als Fragment, immer wieder eingesetzt.

Eine kleine Spielecke für Kinder, liebevoll ausgestattet mit historischem Spielzeug, einer kleinen Puppenküche und Spielen – aus vergangenen Zeiten, doch immer noch schön und einzigartig –, ergänzt die Ausstellung für kleine (und große) Besucherinnen und Besucher.

Zwar sind die Proportionen und Formate der verschiedenen Leinwände und Bildergruppen an die besondere Raumsituation im bibliorama angepasst, gleichzeitig funktioniert das maßgeschneiderte Konzept aber auch als Wanderausstellung, die sich auf die Reise zu weiteren Orten machen wird. Was bleibt in Stuttgart, ist das siebte Paar „Ludwig + Lotte", arrangiert um den Screen vom „Breiten und schmalen Weg«, konzipiert und gestaltet für die ständige Ausstellung des bibliorama. Die Atmosphäre des Hintergrunds gleicht derjenigen im inneren Kirchenschiff der Leonhardskirche in Stuttgart.

Sechs ungleiche Paare, zwölf Persönlichkeiten, eine inspirierende Ausstellung – jede von uns dreien hat mit ihrem Part mit Leidenschaft und gleichzeitig mit Leichtigkeit zu dieser besonderen Ausstellung beigetragen. Das grenzenlose Vertrauen und das wertschätzende Miteinander haben mir bei meiner gestalterischen Arbeit Flügel wachsen lassen – danke für diese wunderbare Zusammenarbeit!

Claudia Renetzki, Diplom-Designerin, Wiesbaden

ZUR BEGRÜßUNG

Liebe Gäste,

herzlich willkommen zur Eröffnung unserer 14. Sonderausstellung. Wir freuen uns sehr, diese Schau den Besucherinnen und Besuchern zeigen zu können.
Der Ausbruch der Pandemie im Frühjahr 2020 verhinderte, dass die Lange Nacht der Museen durchgeführt werden konnte. Eigentlich wollten wir die Ausstellung schon zu diesem Anlass am 21. März 2020 im bibliorama eröffnen. Aber das war nicht möglich. Dadurch wurde der Blick auf die Exponate allerdings nochmals geschärft. Das bibliorama präsentiert ab heute vierzehn Menschen, die ebenfalls durch schwere Zeiten gingen. Diese vierzehn Personen lebten alle in schwierigen Jahren.
Manche wurden wegen ihres Glaubens drangsaliert. Sie kannten die Freiheit nicht, in der wir heutzutage leben. Die Glaubensfreiheit, die wir in Deutschland genießen dürfen, ist etwas Großes.
Manche wurden wegen ihres Geschlechts benachteiligt. Frauen haben erst seit dem letzten Jahrhundert die Freiheit, außerhalb des eigenen Hauses Zusammenhänge zu gestalten und im Beruf zu wirken.
Manche brachen aus den vorgegebenen Strukturen aus. Wir können Ihnen hier Beispiele von Männern und Frauen zeigen, die ihrer Zeit voraus waren und über Grenzen hinweggingen.
Sieben ungleiche Paare präsentieren wir, die zusammen einen Gang durch die Kirchengeschichte im Südwesten ermöglichen. Von den Römern und Alamannen über die verschiedenen Stände, die das Mittelalter prägten, Menschen der Renaissance und Reformation bis hin zur frühen Industrialisierung mit ihrer Not. Wir zeigen Kirchenfürsten und Adelsdamen, Bauernleute und Handwerker, Theologen und Juristen. Es ist eine Vielfalt.
Wie können wir ein richtiges, ein ethisch gutes Leben führen? Welche Freiheit steht uns zu? Wie kann das eigene Lebensglück gestaltet werden? Die Fragen muten modern an. Das sind sie auch. Gerade die Coronakrise hat gezeigt, dass der Mensch nach Freiheit und Glück dürstet. Das war in früherer Zeit so, das bewegt uns heute. Früher jedoch wurde der eigene Glaube überzeugter und inniger gelebt. Das hatte nicht nur positive Seiten. Doch manche Werte, die aus dem Glauben stammen, sind in unseren Breiten nun gesellschaftlich sozial verankert und sogar Menschenrecht.
Die Ausstellung „Ungleiche Paare" kann die Betrachtenden dahin führen, dass sie über

die eigenen Wertvorstellungen nachdenken und sich in diesen Menschen, die uns vorausgegangen sind, wie in „Vor-Bildern" spiegeln.

Die Schau lädt zum Sitzen und Genießen ein. Kommen Sie, nehmen Sie Platz und genießen, ja meditieren Sie über Farben, Formen und Objekte, die diesen Vor-Bildern zugeordnet sind.

Vielleicht kommen Ihnen Sätze zum Thema Freiheit oder Glück in den Sinn, die Sie als Spuren der Erinnerung im bibliorama festhalten wollen. Dazu liegt ein Büchlein bereit. Viel Vergnügen!

31. Mai 2020, Franziska Stocker-Schwarz

Interview

mit Dr. Susanne Claußen,
die Fragen stellte Franziska Stocker-Schwarz

Ich freue mich, dass Dr. Susanne Claußen aus Wiesbaden hier mit von der Partie ist. Sie ist mit mir zusammen Kuratorin dieser Sonderausstellung.
– Susanne, herzlich willkommen! –
Susanne Claußen arbeitet im Dekanat Wiesbaden als Leiterin der Evangelischen Erwachsenenbildung und führt selbstständig ein Büro für Religionen ebenda.

Liebe Susanne, Du bist ja auch die Kuratorin der Dauerausstellung des bibliorama. Deine Handschrift ist da zu lesen. Schon in der Dauerausstellung werden nicht nur biblische Personen, sondern auch Personen und Bewegungen der Kirchengeschichte präsentiert. Unübersehbar – und unüberhörbar: Martin Luther. Aber auch weitere Persönlichkeiten und Bewegungen lassen sich finden: so z.B. im Zelt der Sara die Bewegung der Waldenser und Hugenotten, die Ortsgründungen von Korntal und Wilhelmsdorf, bei Mose die Stuttgarterin Charlotte Reihlen, im Bereich des Neuen Testaments Zeugnisse aus der Schlosskirche in Stuttgart, Steine aus dem Kloster Hirsau …
So kamen wir miteinander auf die Idee, aus diesen Hinweisen etwas Größeres zu gestalten, eben eine Schau, die besondere, auch weil ganz unbekannte Christinnen und Christen des südwestdeutschen Raums präsentiert.

Was hat Dich bei den ersten Überlegungen zu dieser Sonderausstellung bewegt und motiviert?

> Eine befreundete Archivarin hat einen Satz über ihrem Schreibtisch hängen, den ich sehr mag: „Die Geschichte ist die beste Lehrmeisterin mit den unaufmerksamsten Schülern." Das gefällt mir. Ich bin nämlich davon überzeugt, dass man einerseits aus der Geschichte tatsächlich lernen kann und dass andererseits Museen eine wunderbare Möglichkeit sind, um die nötige Aufmerksamkeit und Lernbereitschaft herzustellen. Wo, wenn nicht in einer Ausstellung, hat man Platz und Zeit, sich mit Geschichte auseinanderzusetzen?

Zu dieser allgemeinen Motivation für historische Ausstellungen kam aber in diesem Fall noch ein Zweites: 2017 und die Jahre davor – mal sehen, was 2021 mit 500 Jahre Reichstag in Worms, noch alles passiert – hat sich halb Deutschland mit Luther auseinandergesetzt. Das war toll, aber gleichzeitig sind die evangelischen Landeskirchen, ist evangelische Identität mehr als nur Luther. Meines Erachtens gehört die Zeit vor der Reformation genauso dazu wie die verschiedenen Landeskirchen in ihrer Vielfalt sowie die Auseinandersetzung mit anderen christlichen Konfessionen.

Welche Persönlichkeit hast Du dabei neu entdeckt? Was fasziniert Dich an ihr?

Eine echte Entdeckung war für mich Ernst Freiherr Marschall von Bieberstein, der von Claudia Renetzki besonders schön in Szene gesetzt wurde. Ernst stammt aus sehr altem Adel, aus einer Familie von Reichsrittern, aber die Reichsritter hatten nach dem

Mittelalter nach und nach ihre Aufgaben und meist auch Besitz und Einfluss weitgehend verloren. Es war am Ende des 18. Jahrhunderts schon klar, dass es für einen jungen Bieberstein nicht mehr ausreichen würde, diesen klangvollen Namen zu tragen.
So schickte Papa Bieberstein seine Söhne auf die Hohe Karlsschule in Stuttgart. Ernst suchte anschließend eine Anstellung als Staatsbeamter und kam eher zufällig nach Nassau. Dort hatte er die Möglichkeit, das Herzogtum, das unter Napoleon zusammengeflickt worden war, zu einem modernen Staatswesen zu formen.

Was ist Dein Lieblingspaar in dieser Sonderausstellung?

Das ist eine wirklich schwierige Frage! Die beiden Prinzessinnen liebe ich sehr, mit ihrem scheinbar märchenhaften Leben, zu dem in Wirklichkeit ganz viel persönliches Leid gehörte – aber auch die Näherin und den Bauer mag ich sehr gern, denen kein Geld, keine Mittel, keine Beziehungen zur Verfügung standen und die sich trotzdem in ihrer Persönlichkeit, in ihrem Glauben immer weiterentwickelten …
Aber meine „Lieblinge" wurden Gustav Werner und Günther Ägidius Hellmund. Die zwei haben wirklich unermüdlich gearbeitet, um das Leben für ihre Nächsten besser zu machen. Während Gustav Werner hier in Württemberg zu Recht im öffentlichen Gedächtnis präsent ist, ist Hellmund in Wiesbaden sogar unter den Pfarrerinnen und Pfarrern völlig unbekannt. Aber auch er kümmerte sich um Waisenkinder, um ihre Schul- und Religionsbildung und darum, dass sie als Erwachsene in der Lage waren, Geld zu verdienen. Er nutzte sogar einen Trick, um unehelich geborene Kinder von dem Makel ihrer Geburt zu befreien. Durch irgendeine Ehrung war es ihm möglich, beliebig viele Kinder zu adoptieren und sie damit zu ehelichen Kindern zu machen. Was ihm nicht gelang: so viele andere Menschen zu begeistern, ihm zu helfen, wie Gustav Werner. An Gustav Werner erstaunt mich immer wieder das schiere Ausmaß dessen, was er auf die Beine stellte. Diese Menge an Unternehmungen, ich glaube, das schaffen nur Schwaben!

Was möchtest Du für Wiesbaden damit erreichen?

Du hast das in Deiner Begrüßung schön auf den Punkt gebracht: „Wie können wir ein richtiges, ein ethisch gutes Leben führen? Welche Freiheit steht uns zu? Wie kann das eigene Lebensglück gestaltet werden?" Darüber nachzudenken, dazu will ich Menschen anregen. Und da Wiesbaden eine Stadt ist, in der das 19. Jahrhundert ungeheuer präsent ist, die Zeit davor aber überhaupt nicht; und da die Evangelische Kirche Hessen-Nassau ebenfalls eine junge Landeskirche ist, ein Produkt der Nachkriegszeit, finde ich es gerade für diese Region spannend, dazu in die Geschichte zu schauen.

mit Pfarrer Jürgen T. Schwarz,
die Fragen stellte Franziska Stocker-Schwarz

Du bist Dozent für Neues und Altes Testament und gehst täglich mit der hebräischen und der griechischen Sprache um. Kann man die auch heute noch lernen, ohne gleich Theologie zu studieren?

> Ja, auf jeden Fall. Im Umfeld einer Bibelstunde, die ich 15 Jahre lang in der Gemeinde gehalten habe, hatte sich ein Kreis von einigen Leuten gebildet, die fanden einen Israeli, der in Stuttgart lebt, und kamen dann immer zwei Stunden früher, um mit ihm Hebräisch zu lernen. Zwei Teilnehmerinnen aus diesem Kreis haben dann sogar in Tübingen die Hebraicumsprüfung gemacht – und bestanden!
> Ein anderes Erlebnis hat mich ebenso tief beeindruckt: Ich hatte im Umfeld eines Vortrags ein Gespräch mit einer Frau, die mit mir über meine Auslegung sprach und fasziniert davon war, was die Texte in ihrer Ursprache an zusätzlicher Tiefenschärfe haben. Zwei Jahre später treffe ich sie hier im bibliorama wieder im Rahmen einer Ausstellungseröffnung und sie kommt strahlend auf mich zu und sagt: Ma Nischma. Der typische Gruß auf Hebräisch. Und dann erzählt sie mir in blitzsauberem Hebräisch, dass sie in ihrer Heimatstadt eine Rabbinerstudentin aufgetrieben und bei ihr Privatstunden genommen hat. Mit Riesenerfolg!

Warum lohnt sich diese Mühe, dieser Aufwand?

> Eine Sprache ist eine ganz spezifische Sicht auf die Welt. Wir Deutschen sagen immer alles ganz, ganz genau! Alle Sätze verbinden wir ganz genau: Weil wir gerechtfertigt sind, haben wir Frieden mit Gott! Das wird zum juristischen Lehrsatz, zum Quid pro quo dadurch.
> Auf Griechisch aber heißt es: Gerechtfertigt werden ist da mit dabei … wir haben Frieden mit Gott. Das könnte ich genauso übersetzen mit: Indem wir gerechtfertigt werden, haben wir Frieden mit Gott. Ja sogar: Obwohl wir gerechtfertigt werden müssen, obwohl wir Rechtfertigung brauchen, haben wir Frieden mit Gott …

Da ist dann ein ganz anderer Geist, größere Weite und damit auch Lebensnähe drin. Hebräisch ist tatsächlich sehr schwer. Das lernt man nicht einfach so. Das liegt daran, dass diese Sprache bis heute eine letzte Reduzierung darstellt. Da ist kein Buchstabe zu viel. Es gibt keine Redundanz, wie man in der Fachwelt sagt.

Wer Hebräisch liest, der und die lernt, aufmerksam zu lesen. „Wie mächtige Quader liegen die Worte übereinander im Satz." Dann muss man sortieren und dieses Sortieren-Müssen der Worte, der Zusammenhänge, ergibt eine präzise Unschärfe. Dass gerade Psalmen oft ganz unterschiedlich übersetzt werden, liegt nicht daran, dass man es „falsch" macht, sondern es spiegelt die Eigenart des Hebräischen wider, dass es nicht definiert wie das Deutsche oder auch das Griechische! Hebräisch zieht keine Linien, sondern eröffnet Räume, gibt zu denken, führt auf weiten Raum! Aber genau darin liegt auch seine Klarheit. Präzise Unschärfe ist das, wie der große Theologe Erich Zenger sagte.

 Gedankenspaziergänge

in der Ausstellung „Ungleiche Paare"
Eine innere Reise zwischen den Welten

BEATE SCHUHMACHER-RIES

Die Sonderausstellung im bibliorama „Ungleiche Paare – auf der Suche nach dem richtigen Leben" hat mich in meine alte Heimat Hessen geführt, wo ich von 2003 bis 2014 als Referentin für Kindergottesdienst im Dekanat Bergstraße gearbeitet habe. In dieser Sonderausstellung treffen sich „ungleichen Paare" aus Württemberg und Nassau.

Durch meine Arbeit in der Evangelischen Kirche in Hessen und Nassau (EKHN) und meine jetzige Arbeit in der Evangelischen Landeskirche in Württemberg hatte ich die Gelegenheit, beide Landeskirchen kennenzulernen.
Eine Landeskirche in der Mitte Deutschlands, die andere südlich. Eine Landeskirche mit einem Kirchenpräsidenten, die andere Landeskirche mit einem Landesbischof. Die eine Landeskirche mit einer Kirchenleitung, die andere Landeskirche mit einem Oberkirchenrat als sog. Kollegium.
Als Reisende zwischen den Welten durfte ich beide Modelle kennen- und schätzen lernen. „Ungleiche Paare – auf der Suche nach dem richtigen Leben", passt das Thema der Ausstellung auch zu den Landeskirchen?
Vielfalt in Verschiedenheit schafft Anknüpfungspunkte, lässt Suchende und Findende Anschluss finden. So habe ich mich nach der Anfrage zu einem Artikel für diesen Katalog auf den Weg gemacht, um mit meiner Perspektive auf die Ausstellung „Ungleiche Paare – auf der Suche nach dem richtigen Leben" zu schauen.

Dabei war für mich die Aussage nach dem Gedankenstrich wegweisend: „auf der Suche nach dem richtigen Leben". Diese Suche beschäftigt viele Menschen. Was ist das richtige Leben? Gibt es ein falsches Leben? Geht es um ein gutes Leben, um ein gelingendes Leben?
Diese Fragen sind unabhängig von landeskirchlichen Grenzen und von Landesgrenzen. Sie beschäftigen Menschen weltweit.
Als Christinnen und Christen fordert uns die Frage im Besonderen heraus, denn sie impliziert ethische Vorstellungen eines „guten" Lebens: Hilfsbereitschaft, Anteilnahme,

Liebe, Trauer, Hoffnung, Freude, Frieden, Gerechtigkeit, Bewahrung der Schöpfung. Sie können die Aufzählung weiterführen …

Die Ausstellung nähert sich der Frage nach dem „richtigen Leben" mit scheinbar „ungleichen Paaren" an. Warum „ungleiche Paare"? Weil sie aus unterschiedlichen Landeskirchen zusammengetragen wurden? Weil sie zum Teil aus Männern und Frauen zusammengesetzt ist? Weil die Protagonistinnen und Protagonisten im Wesen unterschiedliche Menschen waren?

Bei näherer Betrachtung finden sich Ähnlichkeiten bei den als „ungleich" bezeichneten Paaren. Zum Beispiel das „ungleiche Paar" Begine Cordula (um 1515) und Graf Adolf von Nassau (1443–1511). Auf den ersten Blick sehen wir zwei unterschiedliche Lebensvoraussetzungen, Lebensentwürfe und Lebensgestaltungen. Der in seiner Rüstung streng nach vorne schauende Graf gehörte dem Adel an und war für seine Grafschaft, aber auch für Aufträge des Kaisers verantwortlich. Als frommer Herrscher stiftete er Geld an Kirchen und Klöster.

Daneben die Begine Cordula, die ihre Hände wie zum Gebet ineinanderlegt. Beginen waren unabhängige, selbstständige Frauen im Mittelalter, die nicht heiraten und auch in kein Kloster eintreten wollten. Ein Leben als Begine ermöglichte es Frauen, die ihnen sozial auferlegten Rollen Ehe und Mutterschaft zu verweigern.
Durch das Äußere, das Geschlecht und ihren Stand unterscheiden sich beide Personen.

Sie hätten, auch wenn sie in der gleichen Region gelebt hätten, nichts miteinander zu tun gehabt.

Bei längerer Betrachtung und weiterem Nachdenken entdecke ich neben den Unterschieden jedoch auch Gemeinsamkeiten: der Glaube, der die Persönlichkeit beider Personen prägt, das Streben nach Unabhängigkeit und Selbstständigkeit. Die Begine Cordula, die sich vor Gericht erfolgreich gegen eine Heirat wehrte. Der Graf, der sich auf seine Grafschaft zurückzog, als die Bezahlung des Kaisers für seine Dienste ausblieb.
Das Verbindende der beiden Personen tritt in den Vordergrund. Ich nehme wahr, wie zwei Persönlichkeiten an unterschiedlichen Orten ihre Freiheit lebten und dem Glauben verbunden waren.

Ein weiteres „ungleiches Paar" aus der Sonderausstellung hat mich neugierig gemacht: Christina Schamler (1746–1790) und Valentin Dahlem (1754–1840).

Valentin Dahlem kam als mennonitischer Landwirt ins Herzogtum Nassau. In der Ausstellung schaut mich ein offenes, freundliches Gesicht an. Neugier, Fleiß, Lernbereitschaft und das Erleben seiner Wirksamkeit in seinem Umfeld scheinen für Valentin Dahlem leitende Motive seines Lebens gewesen zu sein. Dazu kamen sein Glaube und die Bereitschaft, Verantwortung für seine mennonitische Gemeinde zu übernehmen.

Auch Christina Schamler war wissbegierig und lernbereit. Wenngleich weniger wohlhabend als ihr Gegenüber aus Nassau, lebte sie ihren Alltag als Näherin selbstbestimmt. Bildung war schon zur damaligen Zeit wichtig und die allgemeine Schulpflicht in Württemberg eine große Errungenschaft. So besuchte Christina Schamler die Volksschule. Damit konnte sie lesen, schreiben und rechnen. Für sie war vor allem das Lesen-Können die Voraussetzung dafür, ihr Interesse an biblischen Schriften zu vertiefen. Im Gegensatz zu Valentin Dahlem, der mit seiner Familie lebte, war Christina Schamler alleinstehend.

Auch dieses auf den ersten Blick „ungleiche Paar" offenbart beim zweiten Hinschauen Gemeinsames. Die intensive Auseinandersetzung mit der Bibel ging bei Valentin Dahlem so weit, dass er sich Griechisch und Hebräisch, die Sprachen der Bibel, selbst beibrachte. Christina Schamler wiederum las viel, vor allem pietistische Autoren. In ihrem Nachlass befanden sich ungewöhnlich viele Bücher. Beide Persönlichkeiten waren neugierig und wissbegierig, beide haben auf ihre je eigene Weise Freiheit gelebt. Christina Schamler ohne Besitz und unabhängig. Valentin Dahlem ging sogar so weit, den Hof, den er gepachtet hatte und den ihm der Herzog als Geschenk anbot, abzulehnen.

Geschichte schreibt Geschichten. Häufig sind die Geschichten nur noch Fragmente und wir denken sie mit unseren Gedanken weiter oder interpretieren sie. Wir gehen dem nach, was die Geschichten in uns anklingen lassen. Spannend und aufregend zugleich. Kennen wir Menschen, die ähnliche Eigenschaften haben? Erkennen wir uns selbst in dem einen oder der anderen wieder?

Dazu sind am Ende des Ausstellungsrundgangs Spiegel angebracht. Ich reihe mich ein in die Geschichte und in die Geschichten. Mit meinen Geschichten von Freiheit, Glaube, Selbstbestimmung, Demut, Freude und Neugier. Mit meinen Vorstellungen eines guten, richtigen Lebens. Ich lade Sie ein, schauen Sie in den Spiegel und entdecken Sie Ihre einzigartigen und spannenden Geschichten. Geschichten, die miteinander verwoben und Teil eines Ganzen sind.

Zwei Landeskirchen, eine Ausstellung, „(un)gleiche Paare" und viele Ähnlichkeiten. In das Bild, das sich entwickelt, reihen sich Geschichte und Geschichten ein – auch Ihre und meine.

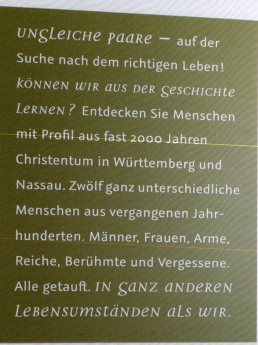

UNGLEICHE PAARE — auf der Suche nach dem richtigen Leben! KÖNNEN WIR AUS DER GESCHICHTE LERNEN? Entdecken Sie Menschen mit Profil aus fast 2000 Jahren Christentum in Württemberg und Nassau. Zwölf ganz unterschiedliche Menschen aus vergangenen Jahrhunderten. Männer, Frauen, Arme, Reiche, Berühmte und Vergessene. Alle getauft. IN GANZ ANDEREN LEBENSUMSTÄNDEN ALS WIR.

Der Weg durch die Ausstellung ▶ ▶ ▶

...he paare

Wie lebten sie ihr Leben?

Wie lebten sie ihre Überzeugungen und ihren Glauben? Je nach Geschlecht, sozialer Stellung, Bildungsgrad usw. hatten sie völlig unterschiedliche Möglichkeiten zu wirken. Das war heute nicht anders als früher. Aber genau wie wir heute wollten sie ein sinnvolles, ein gutes Leben führen. Dazu schauen wir ihnen bei verschiedenen Tätigkeiten über die Schulter: Glauben, Lernen, Helfen, Arbeiten, Strukturen aufbauen und Initiativen ergreifen. Viel Spaß beim Entdecken!

Ein weiteres, besonderes württembergisches Paar finden Sie zusätzlich in der Dauerausstellung.

Paar 1
eine christin im spätrömischen reich
ein alamannischer christ

Paar 2
graf adolf von nassau
begine cordula

Der Weg durch die Ausstellung ▶ ▶ ▶

Paar 3
gustav werner
günther ägidius hellmund

Paar 4

valentin dahlem

christina schamler

Paar 5
magnus friedrich roos
ernst freiherr marschall von bieberstein

Paar 6

pauline von württemberg, herzogin von nassau

olga nikolajewna, königin von württemberg

32 Der Weg durch die Ausstellung ▶ ▶ ▶

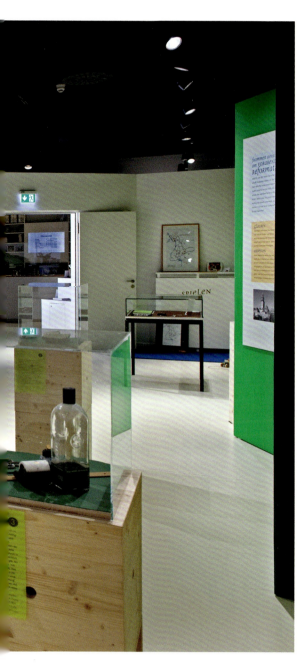

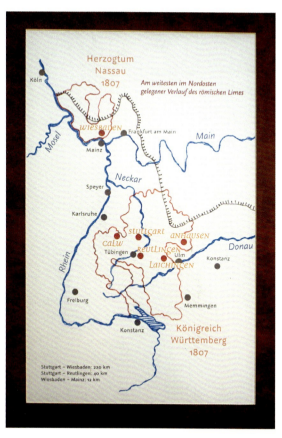

Übersichtskarte
Herzogtum Nassau 1807
       Königreich Württemberg 1807

Spielecke
Historisches Spielzeug für kleine und große Museumsfans

▶ ▶ ▶ Ende

Ungleiche Paare I

Eine Christin im spätrömischen Reich

Namenlos (4. Jahrhundert)

Das Evangelium wurde über die Straßen des Römischen Reiches verbreitet, auch in die Gebiete des heutigen Baden-Württemberg und Hessen. Die hier gezeichnete Frau könnte in dieser Gegend auf einem landwirtschaftlichen Gut, einer „villa rustica", gelebt haben.
Als „Provinzialrömerin" des 4. Jahrhunderts lebte sie in einer Zeit der Veränderungen und der Unsicherheit.
Sie pflegte die Grabstätten der ersten Christen in ihrer Region.

ein alamannischer Christ

namenlos (7. Jahrhundert)

In Freiberg-Geisingen nördlich von Ludwigsburg wurde das Grab eines Mannes gefunden, der im 7. Jahrhundert lebte. Seine Grabbeigaben zeigen, dass er vermögend war, Grundbesitz hatte und offenbar Christ war. Bei seiner Beerdigung bedeckten die Hinterbliebenen sein Gesicht mit einem Tuch, auf das ein goldenes Kreuz aufgenäht war. Sie gaben ihm außerdem seine Waffen und andere Dinge mit ins Grab.

VITRINE 1

In der Vitrine bewahrt sehen Sie ein Goldblattkreuz aus der Gemarkung Freiberg-Geisingen im Landkreis Ludwigsburg.
Es ist eine Leihgabe des Archäologischen Landesmuseums Baden-Württemberg aus dem Zentralen Fundarchiv in Rastatt. Zwischen dem 5. und 8. Jahrhundert entstanden in unseren Breiten zahlreiche Gräberfelder. Damals trugen die Menschen das Kreuz nicht zu Lebzeiten, vielmehr wurde den Verstorbenen ein solches Kreuz auf den Mund gelegt.

DIE INITIATIVE ERGREIFEN

Im Römischen Reich hatten Frauen kaum Rechte. In den christlichen Gemeinschaften konnten sie hingegen die Initiative ergreifen und aktiv werden. Denn der Ausschluss von Frauen aus vielen Ämtern, etwa dem Priester- oder Bischofsamt, geschah erst allmählich.

HELFEN

Keine Rangunterschiede zwischen den Gläubigen anzuerkennen, zu teilen und den Ärmeren zu helfen, das war ein Kennzeichen der ersten Christengemeinden. Antike Kritiker des Christentums warfen ihnen das vor: Das sei untreu gegen den Staat, gesellschaftlich destabilisierend und bildungsfeindlich. Möglicherweise sorgte auch unsere Namenlose für die Armen in ihrer Umgebung.

SICH ZUM GLAUBEN BEKENNEN

Ab dem 4. Jahrhundert wurde das Christentum im Römischen Reich zuerst erlaubt, dann gefördert und schließlich vorgeschrieben. Wir wissen allerdings nicht, wie es in der Breite der Bevölkerung gelebt wurde. Wahrscheinlich blieb das Christentum außerhalb der Städte noch lange eine Ausnahme, bis es mit dem Zusammenbruch des Weströmischen Reiches erst einmal wieder ganz verschwand.

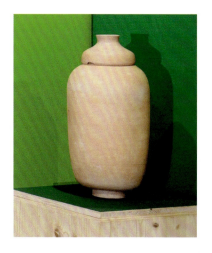

Sich zum Glauben bekennen

Manche Alamannen bewohnten Gebiete, in denen das Christentum schon eine längere Tradition hatte. Die Alamannen selbst wurden erst nach und nach durch wandernde Mönche vom Christentum überzeugt. Wurde ein Grundherr getauft, trat auch sein Gefolge zum Christentum über. Waffen und andere Grabbeigaben neben den Goldblattkreuzen zeigen, dass die Alamannen ihre Vorstellungen vom Leben nach dem Tod nicht sofort änderten.

Strukturen schaffen

Die alamannischen Grundherren liebten es, neben ihrem Hof eigene Kirchen zu errichten, in denen sie sich und ihre Familie bestatten ließen. So entstand eine sehr kleinteilige kirchliche Struktur. Der Mann aus Geisingen war wohl nicht reich genug für eine eigene Kirche.

Lesen und Lernen

Unser Alamanne konnte wahrscheinlich weder lesen noch schreiben. Wir wissen nicht, wie die missionierenden Mönche zu seiner Zeit das Evangelium erklärten. Erst für das 8. Jahrhundert belegen schriftliche Zeugnisse, dass biblische Worte und Texte übersetzt und übertragen wurden, zum Beispiel das lateinische Wort misericordias – Barmherzigkeit. Doch Lesen und Schreiben blieben noch viele Jahrhunderte lang Fähigkeiten, die nur wenige Menschen beherrschten.

Ungleiche Paare 2

Graf Adolf von Nassau

(1443–1511)
ein frommer Herrscher am Vorabend
der Reformation

Adolf III. war der letzte Herrscher in der Grafschaft Wiesbaden-Idstein vor der Reformation. Nach dem Tod seines Vaters bekam er mit Wiesbaden zunächst nur die Hälfte des Territoriums, erhielt aber nach dem Tod seines Bruders dessen Anteil Idstein dazu. Als junger Mann war er im Auftrag des Kaisers Maximilian I. unterwegs, später konzentrierte er sich auf seine Grafschaft und tat viel für sein Seelenheil.

Begine Cordula

(Anfang des 16. Jahrhunderts)
Selbstständig und in Gemeinschaft

Statt in ein Kloster zu gehen, suchten seit dem 12. Jahrhundert viele Männer und Frauen die Nachfolge Christi auch in nicht oder weniger von Mönchsorden kontrollierten Gemeinschaften. Sie nannten sich Begarden und Beginen und es gibt inzwischen viele Bücher und Artikel über sie. Einiges von dem, was zu ihnen überliefert ist, steht in erhalten gebliebenen Urkunden und Gerichtsakten. Aktenkundig wurde beispielsweise eine gewisse Cordula aus Calw im Nordschwarzwald, weil sie sich vor Gericht erfolgreich gegen eine Heirat, die ihr ein gewisser Jakob Krauch aufzwingen wollte, wehrte. Damit hätte sie nicht mehr selber über ihr Leben entscheiden dürfen, und das wollte sie nicht.

VITRINE 2

Im Mittelalter waren die Menschen in gesellschaftliche Gruppen, sogenannte Stände, eingeteilt. Graf Adolf von Nassau gehörte zu dem Stand, der sich Bücher kaufen konnte.

Im 15. Jahrhundert nahm die Lesefähigkeit der Menschen zu. Es entstanden Prosatexte und geistliche Literatur in deutscher Sprache. Bücher waren aber immer noch selten und eine große Kostbarkeit. Daher wurden manche Bücher in (Kloster-)Bibliotheken auch angekettet. Durch die Verbreitung des Buchdrucks mit beweglichen Bleilettern auf der Basis von Johannes Gutenbergs Arbeit wurden Bücher erschwinglicher.

Unter der Vitrine ist ein Buch samt Beutel zu sehen, das an den Gürtel gebunden werden konnte. Für Ordensleute war es sehr praktisch, ihr Brevier bei der Arbeit und auf Reisen bei der Hand zu haben, auch reiche Adlige konnten Gebetbücher so auf Reisen mitnehmen. 1477 ließ Kaiser Maximilian I. die abenteuerlichen Geschichten eines Ritters namens „Theuerdank" in Versform drucken und mit vielen Holzschnitten illustrieren. Es ist als Beutelbuch gebunden.

Des Weiteren ist Thomas von Kempens Buch „Nachfolge Christi" (Privatbesitz) zu sehen. Der Augustiner-Chorherr (1380–1471), auch bekannt unter dem Namen Thomas a Kempis, schrieb dieses Lehrbuch für seine Novizen im Kloster Agnetenberg in lateinischer Sprache (De imitatione Christi). Es gilt nach der Bibel als meistgelesenes geistliches Werk aller Zeiten. Hier ist eine Ausgabe in deutscher Sprache aus dem Jahr 1832 zu sehen, gedruckt von dem Verleger und Theologen Karl Tauchnitz in Leipzig.

Der ausgestellte Psalter mit einem Vorwort von Kirchenvater Basilius Magnus stammt ebenfalls aus dem Jahr 1802 (Privatbesitz).

Paar 2 Graf Adolf von Nassau | Begine

arbeiten

Kaiser Maximilian setzte Graf Adolf als Generalstatthalter in Zütphen und später auch in Geldern ein. Graf Adolf wirkte für den Kaiser beim Königsgericht und als Diplomat bei Reichstagen. Sein Amt als Kammerrichter musste er aufgeben, weil die Bezahlung ausblieb und er aus seinen vorigen Diensten, die nicht oder nur zum Teil bezahlt worden waren, schon verschuldet war. So mancher Kaiser nahm es mit der Entlohnung nicht so genau, und wer nicht über reichhaltige eigene Pfründe verfügte, konnte sich das Bekleiden entsprechender Ämter nicht leisten. Deshalb zog sich Graf Adolf zu Beginn des 16. Jahrhunderts nach Wiesbaden-Idstein zurück.

die Initiative ergreifen

Rückblickend ist es sehr schwer zu beurteilen, wie viel Eigeninitiative Menschen früher ergreifen konnten. In seinem eigenen kleinen Gebiet war Graf Adolf der unangefochtene Herrscher, aber auf Reichsebene war er nur einer unter vielen. Vor allem deshalb, weil ihm Dienste und Ämter im Auftrag des Kaisers nicht bezahlt wurden und er nicht die Mittel hatte, seinen Aufgaben ohne Vergütung nachzukommen, musste er sich in seine Grafschaft zurückziehen und konnte später nicht mehr überregional wirken.

glauben

Graf Adolf und seine Frau Margarethe stifteten Kirchen und Klöstern viel Geld. Sie begannen 1488 auch den Neubau der Wiesbadener Mauritiuskirche und folgten damit typisch spätmittelalterlicher, vorreformatorischer Frömmigkeit.

sich zum glauben bekennen

Zwei Jahre nach dem Vorfall zwischen Cordula und Jakob Krauch bekannte sich Calw mit ganz Württemberg zu den Neuerungen der Reformatoren. Frauen, die nicht aus eigenem Antrieb Nonne geworden waren, traten nun vielfach aus den Klöstern aus, andere wollten ihr Leben in der Nachfolge Christi weiterleben. Die Augustiner-Terziarinnen in Calw, die in ihrer Gemeinschaft bleiben wollten, wurden bis 1555, bis zum Augsburger Religionsfrieden, vom Prior des Augustinerklosters in Weil der Stadt betreut.

die initiative ergreifen

Die meisten Beginen im südwestdeutschen Raum suchten ein eigenständiges Leben in der Nachfolge Christi. Damit befreiten sie sich aus den Verpflichtungen gegenüber ihrer Familie. Cordula war mutig und selbstbewusst genug, Widerstände zu überwinden, etwa die Aufforderung, zu heiraten, und sie hatte genug Vertrauen in die Justiz, um sie um Hilfe zu bitten.

arbeiten

Es gab arme und reiche Frauen unter den Beginen, junge und alte. Ihren Unterhalt bestritten sie durch Spenden, durch eigenen Besitz oder durch Arbeit. Diese Arbeit bedeutete neben handwerklichen Tätigkeiten oft die Krankenpflege und die Sorge für die Toten, die von ihnen gewaschen und für die Beerdigung angekleidet wurden.

Ungleiche Paare 3

Gustav Werner

(1809–1887)
ein sozialer Visionär

Gustav Werner gründete in einem Jahrhundert voller politischer Umwälzungen in Deutschland Einrichtungen für Waisenkinder und andere Bedürftige. Zunächst kümmerte er sich neben seinem Dienst als Pfarrvikar in Walddorf bei Tübingen um bedürftige Kinder. Ab 1840 machte er dies in Reutlingen zu seiner Hauptaufgabe und gründete das erste „Rettungshaus", später „Bruderhaus" genannt, wo er den Kindern ein familienähnliches Umfeld bot. Er begeisterte viele Menschen dazu, ihm zu helfen.

Günther Ägidius Hellmund

(1678–1749)
ein Pfarrer im Wiederaufbau nach
dem Dreißigjährigen Krieg

Günther Ägidius Hellmund war der erste bedeutende Theologe im Fürstentum Nassau-Idstein nach der Reformation. Fürst Georg August Samuel hatte ihn nach Wiesbaden geholt, weil der Fürst die Stadt nach dem Elend des Dreißigjährigen Krieges wieder aufblühen lassen wollte. Dabei half ihm Hellmund, indem er nicht nur predigte und Bücher schrieb, sondern als überzeugter Pietist auch tatkräftig anpackte.

VITRINE 3

Rund 220 Briefe von Gustav Werner werden heute im Bruderhausarchiv in Reutlingen aufbewahrt. Er korrespondierte hauptsächlich mit seiner Familie, mit Freunden und Hausgenossen. Dabei ging es meistens um religiöse und persönliche Themen, aber auch um Alltags- und Geldsorgen im Bruderhaus.

Im 18. und 19. Jahrhundert war das Briefeschreiben der Weg, um miteinander zu kommunizieren. Die Tinte floss in Strömen. So schrieb der Schriftsteller und Satiriker Gottlieb W. Rabener (1714 bis 1771): „Ich schreibe heute an die halbe Welt, um gelesen und beantwortet zu werden. Ich habe heute an Cramern zween Bogen voll freundschaftliches Nichts geschrieben; nach Copenhagen, nach Hamburg, nach Braunschweig, nach Dresden, nach

Bernstadt in Schlesien habe ich nichts wichtiges geschrieben, und nun fange ich auch an, mit Ihnen zu plaudern. Ist dieser Tag nicht für mich ein vergnügter Tag?"

Johann Wolfgang von Goethe (1749 bis 1832) notierte im Alter von 76 Jahren: „Reichthum und Schnelligkeit ist, was die Welt bewundert und wonach jeder strebt. Eisenbahnen, Schnellposten, Dampfschiffe und alle möglichen Facilitäten der Communication sind es, worauf die gebildete Welt ausgeht, sich zu überbilden und dadurch in der Mittelmäßigkeit zu verharren ... Eigentlich ist es das Jahrhundert für die fähigen Köpfe, für leichtfassende praktische Menschen, die, mit einer gewissen Gewandtheit ausgestattet, ihre Superiorität über die Menge fühlen, wenn sie gleich selbst nicht zum Höchsten begabt sind. Laß uns soviel als möglich an der Gesinnung halten, in der wir herankamen; wir werden, mit vielleicht noch Wenigen, die Letzten seyn einer Epoche, die so bald nicht wiederkehrt."

Schreibzeug gehörte zur notwendigen Ausrüstung – die Feder war eine spitze Waffe ... Die Firma Pelikan startete ihren Erfolgszug im Jahr 1832 mit Schreibtinte und Künstlerfarben. Auch das weltweit agierende Unternehmen Waterman wurde im 19. Jahrhundert gegründet.

arbeiten

Arbeiten war für Gustav Werner mehr als nur Mittel zum Zweck. Es war für ihn eine Möglichkeit, Gott zu dienen, und die nutzte er unentwegt. Den Kindern, für die er sorgte, ließ er viel Raum zum Spielen, aber alle älteren Bedürftigen hielt er ebenfalls zur Arbeit an.

Strukturen schaffen

Gustav Werner erkannte, dass das Fortschreiten der Industrialisierung nicht aufzuhalten war. Er wollte die Industrie daher nach seinen Vorstellungen formen. In seinen „christlichen Fabriken", einer Maschinen-, einer Möbel- und zwei Papierfabriken, sollte Christus herrschen, die Gewinne der Fabriken sollten für die Armen verwendet werden. Anfang der 1860er-Jahre gerieten die Fabriken in eine wirtschaftliche Schieflage und mussten radikal umstrukturiert werden. Danach arbeiteten sie lange Zeit erfolgreich.

Sich zum Glauben bekennen

Gustav Werner war überzeugt davon, dass sich der Glaube in Taten äußern müsse, und neigte zu einer Werkgerechtigkeit, also der Rechtfertigung vor Gott, indem man gute Werke tut. Dies hatte Luther seinerzeit abgelehnt und die Rechtfertigung des Menschen allein durch die Gnade Gottes gelehrt. So geriet Gustav Werner in Konflikt mit der Landeskirche und mit pietistischen Kreisen. Er wurde nicht als Pfarrer in einer Gemeinde eingesetzt. Manche Bilder zeigen Werner daher predigend im bürgerlichen Anzug.

arbeiten

Günther Ägidius Hellmund war sich sicher, dass christliches Leben nur mit Arbeit gelingen konnte. Er selbst arbeitete unermüdlich und hielt auch seine Schutzbefohlenen zu Fleiß und Arbeit an. Das hatte er in den berühmten Franckeschen Anstalten, pietistisch geprägten Schulen und sozialen Einrichtungen, die 1698 von dem Theologen und Pädagogen August Hermann Francke in Halle gegründet worden waren, vorbildhaft erlebt.

helfen

In Wiesbaden erlangte Günther Ägidius Hellmund großen Einfluss. Unter anderem gründete er das Armenbad, das bedürftigen kranken Menschen eine Badekur ermöglichte, und das Waisenhaus in Wiesbaden. Er sorgte für den Unterricht der Kinder, gründete eine Walkmühle, eine Druckerei und einen Buchladen, in der die Jugendlichen arbeiten konnten, und ließ begabte Waisenkinder zu Lehrern ausbilden. Dazu gründete er das erste Lehrerseminar in Nassau. Zudem erhielt er die Pfalzgrafenwürde, mit der er alle unehelichen Kinder in seinem Waisenhaus zu ehelichen Kindern erklären konnte.

die initiative ergreifen

Vor seiner Übersiedlung nach Wiesbaden hatte Günther Ägidius Hellmund in Wetzlar gelebt. Dort war er aufgrund seiner pietistischen Überzeugungen in einen Machtkampf zwischen den Bürgern und dem Rat der Stadt geraten, der seinetwegen eskalierte. Er wurde vom Dienst suspendiert und lebte einige Jahre in Armut. Erst mit dem Antritt der Stelle in Wiesbaden, die ihm sein Lehrer und Freund August Herrmann Francke vermittelt hatte, konnte Hellmund wieder mit der für ihn so typischen Energie tätig werden.

Ungleiche Paare 4

Valentin Dahlem

(1754–1840)
alte Sprachen und neue Techniken

Valentin Dahlem war ein kluger und frommer Mann. Seine eigene und einige andere mennonitische Familien waren von der Regierung angeworben worden, sich in Nassau anzusiedeln. Die Mennoniten waren damals sehr fortschrittliche Landwirte. Die Regierung hoffte, dass durch ihr praktisches Beispiel die Lebensmittelversorgung im Land besser werden würde.

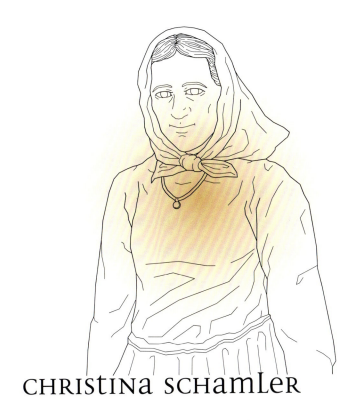

CHRISTINA SCHAMLER

(1746–1790)
BÜCHER UND SONST KAUM BESITZ

Christina Schamler war Näherin in Laichingen auf der Schwäbischen Alb. Sie war ledig und starb schon im Alter von 44 Jahren. Sie gehört zu den vielen Menschen, von denen wir nur zufällig durch historische Forschung erfahren. In ihrem Fall kennen wir ihre wenigen Besitztümer – mit ungewöhnlich vielen Büchern. Christina Schamler besaß viele pietistische Schriften, und so kann man davon ausgehen, dass sie es mit dem Christentum sehr ernst meinte.

VITRINE 4

Selbst heute noch ist unter Hebräischstudierenden das Werk von Wilhelm Gesenius aus den Jahren 1810/1812 ein Standardwerk. In der Vitrine zu sehen ist der erste Teil der 4. Auflage von 1834. Aber schon im 18. Jahrhundert war das Interesse an der hebräischen Sprache wieder sehr gestiegen. Es gab nicht wenige christliche Gelehrte, die sich die „morgenländischen Sprachen" aneigneten und sich sogar im Chaldäischen und Rabbinischen unterrichten ließen.
Welche Bücher Valentin Dahlem zur Verfügung standen, weiß man leider nicht mehr.

Die ausgestellte „Biblia" stammt aus dem Jahr 1767, gedruckt in Speyer von der Druckerei Ludwig Bernhard Friderich Gegel. Sie wurde unter der Aufsicht und Direktion des Theologen und Kanzlers der Universität Gießen Christoph Matthäus Pfaff hergestellt.

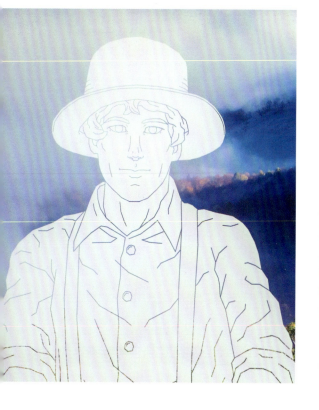

Sich zum Glauben bekennen

Mennoniten wurden immer wieder verfolgt, unter anderem deshalb, weil sie keinen Eid und keinen Militärdienst leisteten und das bis heute nicht tun. Im Herzogtum Nassau wurden zu Dahlems Lebzeiten die Religionen gleichgestellt. Trotzdem wurden die Mennoniten als „Wiedertäufer" verunglimpft und beargwöhnt. Dahlem scheint das mit Langmut und Humor getragen zu haben.

Strukturen schaffen

Dahlem wurde Vorsitzender der 1802 vereinigten südnassauischen Mennoniten und übte das Amt bis zu seinem Tod aus. Er entwarf unter anderem eine Gebets- und Gottesdienstordnung. Für sich persönlich scheint er festen Strukturen aber misstraut zu haben: Als ihm der Herzog den Hof, den er gepachtet hatte, zum Geschenk anbot, lehnte er ab. Vielleicht lehnte er weltlichen Besitz ab, oder die vermeintliche Sicherheit, die dieser Besitz gibt.

Lesen und Lernen

Valentin Dahlem gab sich mit seiner Volksschulbildung nicht zufrieden. Er wollte die Bibel im Original lesen können. So brachte er sich neben der Feldarbeit selbst Griechisch und Hebräisch bei. Auch andere Fachbereiche eignete er sich an und wurde einer der gebildetsten Wiesbadener seiner Zeit.

SICH ZUM GLAUBEN BEKENNEN

Wir kennen aus Christina Schamlers Testament die Buchtitel, die sie hatte, und diese sind sowohl normal als auch einzigartig: normal, weil im pietistisch geprägten ländlichen Schwaben generell viel gelesen wurde, und einzigartig, weil Christina Schamler besonders radikale pietistische Autoren und besonders mystische Schriften las.

LESEN UND LERNEN

Als württembergisches Mädchen war Christina schulpflichtig. Sie hatte in der Volksschule Unterricht im Lesen, Schreiben und Rechnen und in Religion. Als Kind aus ärmeren Verhältnissen hatte sie keinen weiterführenden Unterricht, aber sie bildete sich selbst weiter, indem sie viel las.

DIE INITIATIVE ERGREIFEN

An ihrem Bücherbesitz wird deutlich, dass Christina Schamler selbstbestimmt weiterdachte und weiterfragte. Ansonsten lebte sie allein und in Armut. Ihr Besitz außer den Büchern: etwas Hausrat und Kleidung, ein Scheffel Dinkel, eine Schere sowie ein kleiner Vorrat an Garn und Faden. Sie war ebenso frei wie machtlos.

Paar 4 VALENTIN DAHLEM | CHRISTINA SCHAMLER

Ungleiche Paare 5

Magnus Friedrich Roos

(1727–1803)
ein viel gelesener Seelsorger in kirchlichen
und politischen Ämtern

Magnus Friedrich Roos, württembergischer Theologe, wollte seinen Mitmenschen helfen, sich aus dem Glauben heraus zu erneuern. Nach verschiedenen Stellen als Vikar, Repetent und Pfarrer wurde er 1767 zum Dekan und 1784 schließlich von Herzog Karl Eugen zum Prälat in Anhausen bei Heidenheim ernannt. Roos verfasste über 60 Bücher, die in viele Sprachen übersetzt wurden und unter anderem von lutherischen Gemeinden in Skandinavien viel gelesen wurden.

ernst freiherr marschall von bieberstein

(1770–1834)
gleichbehandlung der religionen

Ernst Freiherr Marschall von Bieberstein wurde an der Hohen Karlsschule in Stuttgart umfassend unterrichtet. Er trat 1791 zuerst in den Militärdienst des Fürstentums Nassau-Usingen. 1806 wurde er Staatsminister des neu gegründeten Herzogtums Nassau. Als kluger und effizienter Reformer konnte er das junge Herzogtum mitgestalten und zu einem fortschrittlichen Staat machen.

VITRINE 5

Die Reformation beseitigte alte Rechte und Pflichten von Kirchen und Klöstern und schuf neue Verwaltungsstrukturen in den Landeskirchen. Dazu gehörte im evangelischen Württemberg die Einsetzung von vier Prälaten, die über die Pfarrer in ihren Prälaturen die Dienstaufsicht hatten. Magnus Friedrich Roos war der bedeutendste unter den Anhäuser Prälaten.

Das Kloster Anhausen war ein Benediktinerkloster, das auf eine Stiftung aus dem 11. Jahrhundert zurückging. Es wurde in der Reformation aufgelöst. Seine Gebäude dienten bis 1806 als Gemeindepfarrkirche, Schule sowie Prälatur. Danach wurden die Gebäude teils verkauft, teils abgerissen, teils sind sie erhalten.
Diese Bodenfliese aus dem Kloster Anhausen ist eine Leihgabe des Fördervereins Freundeskreis Prälat Magnus Friedrich Roos e.V.

helfen

Der Prediger und Seelsorger Roos wollte viele Menschen erreichen. Er dachte an die unterschiedlichen Bedürfnisse von Menschen in verschiedenen Berufen und Lebenssituationen und wollte die Frohe Botschaft jeweils psychologisch passend für sie verkünden.

strukturen schaffen

Roos stand mit sehr vielen Theologen und anderen Persönlichkeiten inner- und außerhalb Württembergs im brieflichen Austausch, auch mit Franziska von Hohenheim, der späteren Frau des Herzogs Karl Eugen von Württemberg. Roos machte kirchlich Karriere und nahm als gewähltes Mitglied der „Landschaft" (Landtag, zusammengesetzt aus Vertretern der Geistlichkeit und der Bürgerschaft) ab 1788 politischen Einfluss. Die „Landschaft" war nach Streitigkeiten mit Herzog Karl Eugen zehn Jahre zuvor gerade erst wieder in ihren Rechten bestätigt worden.

Lesen und Lernen

Magnus Friedrich Roos durchlief das württembergische Schulsystem, das begabte Jungen in verschiedenen „Klosterschulen" (ehemalige Klöster wie Blaubeuren und Bebenhausen) auf das Studium der Theologie in Tübingen vorbereitete. Er lernte sein Leben lang dazu.

Strukturen schaffen

Marschall arbeitete an Entwicklungen, die zu unserem heutigen Staatsverständnis führten: Er wirkte auf eine Gleichheit aller Staatsbürger hin, egal welcher Religion, und setzte viele Reformen durch: die Abschaffung der Leibeigenschaft, die Beseitigung von Steuerprivilegien des Adels, die Einführung der Gewerbefreiheit und die Möglichkeit konfessionsübergreifender Ehen. Die Lebensbedingungen der jüdischen Bevölkerung wurden besser.

Lesen und Lernen

Marschall von Bieberstein kannte den Wert guter schulischer Bildung aus Stuttgart. Als Staatsminister kümmerte er sich auch um das Schulwesen. Er war davon überzeugt, dass die Religionszugehörigkeit der Kinder im Unterricht keine Rolle spielen sollte. In Nassau wurde daher die „Simultanschule" eingerichtet, in der alle Kinder miteinander („simultan") unterrichtet wurden.

Arbeiten

Marschall von Biebersteins Familie gehörte zu den Reichsrittern. Sie war von altem Adel, aber verarmt, und musste sich daher neue Aufgaben suchen, für die sie eine Vergütung erhielt. Marschall von Bieberstein arbeitete für den Staat, der ihn bezahlte, und das mit aller Kraft.

Ungleiche Paare 6

Pauline von Württemberg, Herzogin von Nassau

(1810–1856)
Mildtätigkeit in langer Witwenschaft

Pauline war Herzogin von Nassau. Die gebürtige württembergische Prinzessin wurde 1829 mit Herzog Wilhelm zu Nassau verheiratet, der aus erster Ehe schon Kinder hatte und 1839 starb. Pauline spendete viel Geld für Arme und Kranke. Sie unterstützte mildtätige Anstalten und holte Kaiserswerther Diakonissen nach Wiesbaden.

Olga Nikolajewna

(1822–1892), Königin von Württemberg
russische Stifterin des „Olgäle" und
anderer Einrichtungen

Olga, eine Tochter des russischen Zaren Nikolaus I., wurde 1846 mit dem württembergischen Thronfolger Karl verheiratet, der 1864 König von Württemberg wurde. Olga spendete viel Geld für Arme und Kranke. Sie errichtete in Stuttgart unter anderem die Nikolauspflege für Blinde, das Olga-Krankenhaus und eine weiterführende Schule für Mädchen, das Olga-Stift.

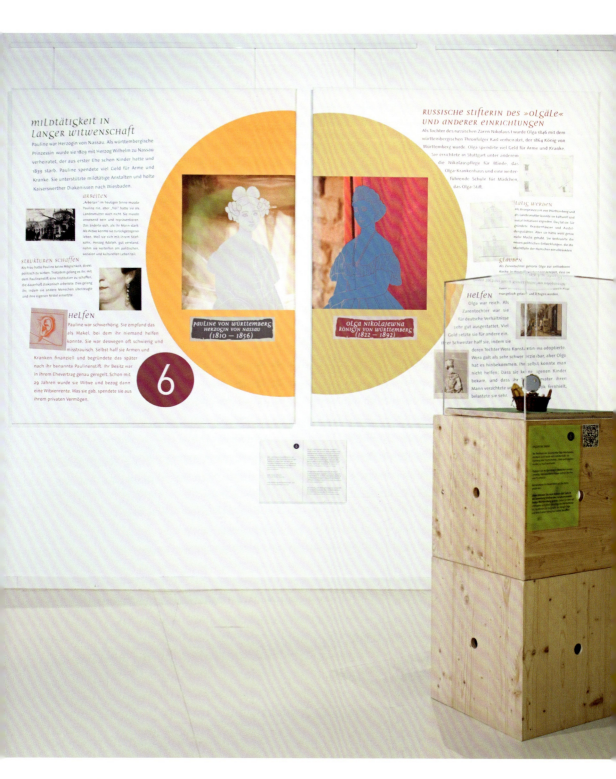

VITRINE 6

Der Reichtum der Zarentochter Olga Nikolajewna erscheint auch heute noch märchenhaft. Ob Spielzeug oder Tischschmuck – Gold und Edelsteine wurden zuhauf verarbeitet. Die Spieldose à la Russe weist auf die Zarenpracht hin.

Dagegen war das Spielzeug in deutschen Landen armselig.

helfen

Pauline war schwerhörig. Sie empfand das als einen Makel, bei dem ihr niemand helfen konnte. Deswegen war sie oft schwierig und misstrauisch im Umgang mit anderen Menschen. Doch sie half Armen und Kranken finanziell und begründete das später nach ihr benannte Paulinenstift. Ihre Finanzen waren in ihrem Ehevertrag genau geregelt. Schon mit 29 Jahren wurde sie Witwe und bezog eine Witwenrente. Was sie gab, gab sie aus ihrem privaten Vermögen.

strukturen schaffen

Als Frau des 19. Jahrhunderts hatte Pauline keine Möglichkeit, direkt politisch zu wirken. Trotzdem gelang es ihr, mit dem Paulinenstift eine Institution zu schaffen, die dauerhaft diakonisch arbeiten konnte. Dies gelang ihr, indem sie andere Menschen überzeugte und ihre eigenen Mittel einsetzte.

arbeiten

„Arbeiten" in unserem heutigen Sinne musste Pauline nie, aber „frei" hatte sie als Landesmutter auch nicht. Sie musste da sein und repräsentieren. Das änderte sich, als ihr Mann starb. Als Witwe konnte sie zurückgezogener leben. Aber da sie sich mit ihrem Stiefsohn, Herzog Adolph, gut verstand, nahm sie weiterhin am politischen, sozialen und kulturellen Leben teil.

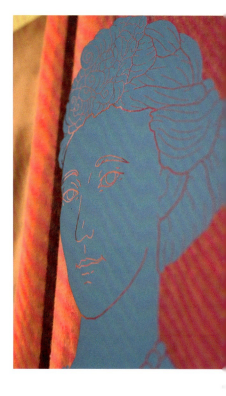

helfen

Olga war reich. Als Zarentochter war sie für württembergische Verhältnisse sehr gut ausgestattet. Viel Geld setzte sie für andere ein. Ihrem Bruder half sie, indem sie deren Tochter Wera Konstantinowa adoptierte. Wera galt als sehr schwer erziehbar, aber Olga bekam das hin. Ihr selbst hingegen konnte man nicht helfen: Dass sie keine eigenen Kinder bekam und dass ihr Schwiegervater seinen eigenen Sohn, ihren Mann, verachtete und von der Politik fernhielt, belastete sie sehr.

die initiative ergreifen

Als Kronprinzessin von Württemberg und als Landesmutter konnte sie kulturell und sozial die Initiative ergreifen. Das tat sie reichlich. Sie gründete Krankenhäuser und Ausbildungsstätten. Aber sie hätte wohl gerne mehr Macht gehabt, denn sie bedauerte die neuen politischen Entwicklungen, die die Machtfülle der Herrscher einschränkten. Das waren zum einen erstarkende liberale und demokratische Kräfte in Württemberg, zum anderen der Beitritt des Königreichs zum 1871 gegründeten deutschen Kaiserreich.

sich zum glauben bekennen

Als Russin war Olga orthodox getauft. In ihrem Ehevertrag war geregelt, dass sie ihre Konfession beibehalten durfte und dass ihr in jedem Wohnsitz eine orthodoxe Kapelle zustand. Ihre Kinder mit Karl sollten evangelisch getauft und erzogen werden. Nur: Das Königspaar blieb kinderlos.

 Die Alamannen

im Südwesten Deutschlands[1]

FRANK ZEEB

Vorgeschichte

Zur Zeit Christi und kurz danach war das heutige Gebiet der Evangelischen Landeskirche in Württemberg nur dünn besiedelt. Im Lauf des 1. Jahrhunderts nach Christus stießen die Römer in unsere Gegend vor und sicherten ihre Grenze mit dem Limes. Aber schon bald hatten sie sich immer wieder Einfällen von germanischsprachigen Gruppen – man spricht heute eigentlich nicht mehr von „Stämmen" – zu erwehren. Eine dieser Gruppen trug ab dem Jahr 289 (gesichert) den Namen *Alamanni*[2]. Diese Alamanni kamen ursprünglich aus der Gegend des heutigen Brandenburg und waren Teil eines größeren Völkerverbunds, der schon zur Zeit Cäsars immer wieder am Rhein und in Südwestdeutschland auftauchte, aber noch in nachchristlicher Zeit bezeichnet der Begriff *mare Suebicum* in römischer Literatur die Ostsee. Insgesamt wird man sich die Bewegung der Elbgermanen nach Südwesten nicht wie früher als eine große Völkerwanderung ganzer „Stämme" mit immensen Menschenzahlen und großem Tross vorstellen, sondern eher als ein allmähliches Einsickern kleinerer Gruppen mit ähnlichen Dialekten, die sich wohl auch als verwandt verstanden.

Römer und „Barbaren"

Interessant ist die ideologische Einordnung dieser Gruppen, die stets von einem Gegensatz von Römern und „Barbaren" ausging.
- Drei unterschiedliche Bewertungstendenzen lassen sich schon bei den Römern selbst finden: Cäsar schildert die *Suebi* nüchtern und mit der offensichtlichen Tendenz, seinen Lesern eine objektive Darstellung zu bieten. Bei Livius – der die klare Tendenz hat, die Römer als heldenhaftes Volk zu schildern und das augustäische Kaisertum zu fördern – findet sich etwa 70 Mal der Begriff der „Barbaren" (für verschiedene Völker), wobei er andeutet: *„feritas, vanitas, furor* und andere Untugenden sind typisch für die ‚Barbaren'"[3]. Tacitus indessen stellt in seiner

„Germania" – wohl um den eigenen Landsleuten den Spiegel vorzuhalten – die Germanen als ein sittlich hochstehendes, ursprüngliches Volk dar.
- Die Reformationszeit und der Humanismus sehen das Mittelalter als eine Zeit des Verfalls, in der die hohen kulturellen Werte der Antike, vor allem die Philosophie und die Sprache, in die Hände ungebildeter Horden gefallen sind, die durch die eigene Zeit erst wieder entdeckt werden müssen. Freilich haben gerade die Reformatoren das Anliegen, in Abgrenzung gegen die römische Kirche dies als eigene, deutschsprachige Bewegung zu organisieren, die es durch Evangelium und Bildung jedem Menschen ermöglicht, seine Bestimmung vor Gott zu finden.
- Im 19. Jahrhundert finden sich dieselben Einschätzungen und Anliegen wieder, die schon die Römer prägten. Der aufkommende deutsche Nationalismus deutet den „Freiheitskampf" der „Germanen" als Analogie zum Freiheitskampf gegen Napoleon[4], die positiven Eigenschaften, die bei Tacitus genannt werden, als Ausdruck des „deutschen Volkscharakters" als eines „moralisch überlegenen Urvolkes"[5].

Alamannen und/oder Sueben?

In römischen Quellen gehen die Bezeichnungen *Alamanni* und *Suevi/Suebi* durcheinander. Man gewinnt den Eindruck, dass Sueben der allgemeinere Begriff ist, der eine Vielzahl von elbgermanischen Gruppen umfasst, die Alamannen sind ein Teil von ihnen. Der Begriff Sueben verliert sich im Laufe der Zeit, wohl auch, weil die Sueben mehrheitlich nach Spanien abwandern, wenngleich Gruppen wie Neckarsueben und Donausueben sich in der Region halten. Ab etwa dem Ende des 3. Jh.s spricht man weitgehend von Alamannen. Umstritten ist, ob der Begriff eine alte Selbstbezeichnung ist oder eher eine Neuschöpfung, die nötig war, als die Gruppe sich neu bildete[6]. Entscheidend ist, dass die Alamannen – im Gegensatz zu anderen germanischen Gruppen – keine Einheit im Sinne eines „Volkes" oder Königreichs[7] bildeten. Die Spätantike setzte Sueben und Alamannen gleich.[8] Nach der Eroberung der Region durch die Franken[9] wurde das Gebiet durch die neuen Herrscher in Verwaltungseinheiten eingeteilt, es gab ein *ducatus alamanniae*. Die Grenze dieses Gebiets bildet im Wesentlichen bis heute die Sprachgrenze zwischen schwäbischen und fränkischen Dialekten. Es ist allerdings wichtig zu betonen, dass – entgegen älteren Annahmen – die Dialekte nicht mit alten Völkergruppen und Stämmen identisch sind, sondern Sprachgrenzen eben meist Verwaltungsgrenzen folgen[10], zunächst den *ducati*, später den Bistümern[11]. Nach der Reichsteilung 843 bestand das Herzogtum Alamannien weiter, aufgrund von Fehden in der Führungsschicht nach 900 wurde der Name „Herzogtum Schwaben" für das Herrschaftsgebiet zwischen Vogesen und Lech, Alpenrand und Enz immer öfter verwendet. Die althochdeutschen Dialekte in der Region waren weitgehend einheitlich und bildeten später die Basis für die höfische mittelhochdeutsche Sprache der Stauferzeit. Erst mit dem Zusammenbruch der Stauferdynastie fächerte sich das Gebiet (bei zunächst weitgehender Beibehaltung der sprachlichen Einheit) in Territorien und Reichsstädte auf. Eine dialektale Trennung trat mit dem Übergang zum Neuhochdeutschen ein: Der Südteil des Sprachgebiets behielt die alten Langvokale bei *(mīs nüs hūs)*, der Nordteil lautete sie zu Doppellauten um *(mei neus Haus)* – auch diese Trennung hat bis heute weitgehend Bestand. In der Reformations- und frühen Neuzeit war der Name „Alamannen" nicht mehr geläufig, erst Johann Peter Hebel erweckte ihn 1803 (sicher zum einen im Zuge der damaligen Mittelalter-Romantik, zum anderen aber auch bewusst als Identitätsstiftung angesichts der napoleonischen Neuordnung der Region) mit seinen „Allemannischen Gedichten" im Dialekt des südbadischen Wiesetals neu. Auch hier gilt also: Die Dialektgrenzen sind Ausdruck von politischen Entwicklungen; die heutigen Allemannen sind nicht – wie man oft hört – Nachfahren einer sehr frühen Zeit oder besonders verbunden mit einer geschichtlichen Urheimat.

Die Christianisierung der Alamannen

Über die Christianisierung der Alamannen liegen kaum schriftliche Quellen vor. Denkbar ist (da es bereits ein Bistum Augsburg gab, das bis an den Limes reichte), dass es zur Römerzeit Christen in der Region gab, die aber keine Alamannen waren. Nichtsdestotrotz hatten die Alamannen offenbar Kenntnis vom christlichen Glauben, da Herzog Rando 368 die Bischofsstadt Mainz plünderte und dafür den Zeitpunkt des Ostergottesdienst wählte, einen Moment, als die Stadt quasi wehrlos war. Die Vermutung, dass ein Herzog Gibuld (ca. 470) Christ war, allerdings ein von Goten bekehrter Arianer, ist mehr eine Spekulation als wirklich aus den Quellen gewonnen. Noch um die Mitte des 6. Jh.s behauptet der byzantinische Historiker Agathius[12], dass die Alamannen sich von den Franken nur in der Religion unterschieden und „irgendwelche Bäume und Flüsse, Hügel und Schluchten wie Götter verehren, indem sie, als wären es heilige Handlungen, Pferden und Rindern und unzähligen anderen Tieren die Köpfe abschlagen". Der Unterschied äußert sich laut Agathius auch darin, dass die Alamannen Kirchen und christliche Heiligtümer plündern und verwüsten, die Franken ihnen aber „Schonung und Rücksicht" erweisen. Agathius gibt aber seiner Hoffnung Ausdruck, dass der Kontakt zu den Franken sicher bald zur Besserung und Bekehrung der Alamannen führen wird. Eine Legende über den iroschottischen Mönch Columban (540–615) gibt an, dieser habe bei einer Opferzeremonie durch seinen Atem ein geweihtes Bierfass zum Bersten gebracht, sodass sich die Alamannen zum Christentum bekehrt hätten.[13] Ausgehend von Bregenz und St. Gallen sei die Mission also erfolgreich gewesen, auch sei es Columban und Gallus gelungen, die kleine Gemeinde in Bregenz, die unter dem Druck ihrer Umwelt ins Heidentum zurückgefallen sei, wieder in den Schoß der Kirche zurückzuführen.

Die schriftlichen Quellen lassen also keine eindeutige geschichtliche Entwicklung erkennen. Fassbar ist allerdings, dass sich Ende des 6., Anfang des 7. Jh.s tatsächlich eine breitere Tendenz zur Christianisierung zeigte, teils wohl tatsächlich durch den „Kontakt zu den Franken", teils aber auch durch Missionsbemühungen. Dabei ist nicht zu vernachlässigen, dass die fränkische Oberherrschaft christlich geprägt war und die wesentlichen Kulturimpulse von Klöstern und Bistümern ausgingen.

Wir sind daher für weitere Schlussfolgerungen auf archäologische Quellen angewiesen. Hier werden in der Forschung zwei Ansätze vertreten. Zum einen stellt man fest, dass ab dem 6. Jh. in dem fraglichen Raum Kirchen nachweisbar sind.[14] Hier sind jedoch zwei Einschränkungen zu machen: Zum einen muss eine solche Kirche nicht das Zentrum einer Gemeinde gewesen sein, sie könnte auch schlichtweg die „Eigenkirche" eines Adligen gewesen sein. Dies würde dann bedeuten, dass sich die Oberschicht in der fränkischen Provinz Alamannien – auch aus politischen Gründen – der Herrschaftsreligion angeschlossen hat, was aber über den Glauben des Volkes nichts aussagt. Zum anderen ist der archäologische Befund nur selten eindeutig (z. B. durch das Vorhandensein eines Altars), da kaum materiale Hinterlassenschaften erhalten sind. Die Existenz einer Kirche kann oft nur indirekt durch den Nachweis eines Gräberfelds geführt werden.[15] Dennoch dürfte die Aussage erlaubt sein, dass es ab etwa 600 mindestens in der Oberschicht eine weite Verbreitung des römisch-katholischen Glaubens gab, die sich mehr und mehr auf die Massen ausdehnte.

Der zweite Ansatz geht von den Goldblattkreuzen aus, die sich ab etwa der Mitte des 6. Jh.s in den Gräbern finden.[16] Dabei ist auffällig, dass sie nur in Grabfeldern entdeckt wurden, nicht jedoch in Einzelgräbern. In unserem Raum sind etwa 100 Goldblattkreuze belegt. Obwohl sie der Art nach mit denen der Langobarden verwandt sind, wurden sie nicht importiert, sondern vor Ort hergestellt, wobei auffällt, dass die Verarbeitung relativ oberflächlich ist. Goldblattkreuze wurden in der Regel dem Leichnam so beigegeben, dass er das Kreuz mit dem Mund küssen konnte. Ältere Forschung wollte aus diesen Auffälligkeiten eine besondere Form des Christentums konstruieren, eine fränkische mit Kirchenbestattung und eine eher nach Oberitalien orientierte, die sich der fränkischen Oberherrschaft nicht beugen wollte. Richtiger dürfte die Annahme sein, dass Goldblattkreuzbestattungen dort stattfanden, wo das Grab nicht in der Nähe einer Kirche liegen konnte.

Die Entwicklung von Pactus (ca. 730) und Lex Alamannorum (spätestens 830)[17] und die Entwicklung des Bistums in Konstanz, das territorial und organisatorisch mit der Eingliederung der Provinz ins Frankenreich (746) einhergeht und etwa im Jahr 800 seine endgültige Form fand[18], lassen die Folgerung zu, dass die Christianisierung der

Alamannen im Lauf des 7. Jh.s tatsächlich durch den „Kontakt mit den Franken" befördert wurde und etwa 800 abgeschlossen war[19]. Reste dieser Prozesse, die sich bis heute halten, haben wir bei der Untersuchung immer wieder gefunden. Abschließend sei erwähnt, dass der heutige Bischof der Diözese Rottenburg-Stuttgart sein Bischofskreuz einem alamannischen Goldblattkreuz nachgebildet hat.

Anmerkungen

1 Die Schreibweise variiert: „Alamannen" geht auf das lateinische Alamanni zurück, das heute oft verwendete „Allemannen" auf J. P. Hebel. Das französische „allemand" ist eine relativ junge Weiterentwicklung aus „aleman", diese Form (bzw. alman) findet sich auch in den meisten anderen Sprachen (z. B. im Spanischen oder Türkischen).

2 In einer Lobrede des Mamertinus auf den Kaiser Maximianus am 21. April 289 in Trier. Ein älterer Beleg bei Cassio Dio aus 213 ist vermutlich eine spätere redaktionelle Glosse.

3 Rubel (2016), S. 16: feritas = Wildheit, Rohheit; vanitas = eitles Wesen, Nichtigkeit; furor = Wut, Unbeherrschtheit.

4 Vgl. die Inschrift auf dem Schwert des Hermannsdenkmals im Teutoburger Wald: „DEUTSCHE : EINIGKEIT : MEINE : STAERKE – MEINE : STAERKE : DEUTSCHLANDS : MACHT".

5 Charakteristisch sind Felix Dahns Romane „Ein Kampf um Rom" und in unserem Zusammenhang „Bissula", das im Hinterland des Bodensees spielt: Die Germanen/Alamannen werden als ehrliche, unverbildete, naturverbundene Menschen geschildert, die unter den Machtintrigen und der Hinterlist der Römer leiden.

6 Bei Agathius von Myrina (531/532–um 582) in Hist. I,6,3 findet sich die – tendenziöse – Äußerung eines Byzantiners Asinus Quadratus, der Begriff bezeichne „zusammengelaufene und gemischte Männer, und das drückt auch ihre Benennung aus".

7 Der Historiker Amminian schreibt ca. 390 von 17 reges Alamannorum (alamannischen Königen).

8 Gregor von Tours (539–594): Suebi id est Alamanni, Historia Francorum II.2.

9 Ort (Zülpich? Mainzer Becken?) und Jahr (496 oder 497) des entscheidenden Sieges des Frankenkönigs Chlodwig sind umstritten, das soll hier nicht weiter erörtert werden.

10 In heutiger Zeit beobachten wir, dass sich eine Generation nach der Landkreisreform die badischen Dialekte auf die schwäbischen Gebiete des Enzkreises erstrecken, während umgekehrt das Schwäbische sich in früher fränkische Gebiete südlich von Heilbronn ausbreitet.

11 In Ditzingen, Lkr. Ludwigsburg, bildete die Glems die Grenze zwischen den Bistümern Konstanz und Speyer, sodass es dort eine Konstanzer Kirche und eine Speyrer Kirche gibt.

12 Zitat aus Hist. I,7.

13 Der Topos ist natürlich traditionell, vgl. Elia und das Baalsopfer oder die Legende von der Bonifatiuseiche.

14 Vgl. v. a. Scholkmann (2013).

15 Zu Beispielen vgl. Morissey (2013), S. 66–68.

16 Vgl. v. a. Knaut (2003).

17 Ersterer weist noch keine kirchlichen Einflüsse auf, Letztere ist vollständig christlich durchdrungen, sie erweckt den Anschein, ebenfalls aus der Mitte des 8. Jh.s zu stammen, könnte aber auch eine spätere „Fälschung" sein.

18 Vgl. Maurer (2000).

19 Beispielhaft die Nazariuskirche in Stuttgart-Zazenhausen (Dek. Zuffenhausen, Ersterwähnung 789) und die Johanneskirche in Seeburg (Dek. Bad Urach-Münsingen, Ersterwähnung 770), übrigens beide in Urkunden über Stiftungen lokaler Einwohner an das fränkische Kloster Lorsch genannt.

Literaturverzeichnis

Geuenich, D.: Geschichte der Alemannen, Urban-Taschenbücher Nr. 575, Stuttgart ²2005.

Knaut, M.: Die Goldblattkreuze als Zeichen der Christianisierung, in: Lorenz/Scholkmann (Hg.), S. 55–64.

Landesdenkmalamt Baden-Württemberg (Hg.): Die Alamannen. Begleitband zur Ausstellung „Die Alamannen", Stuttgart 1997.

Lorenz, S./Scholkmann, B. (Hg.): Die Alemannen und das Christentum. Zeugnisse eines kulturellen Umbruchs, Schriften zur Südwestdeutschen Landeskunde 48, Leinfelden-Echterdingen 2003.

Lorenz, S.: Die Alemannen auf dem Weg zum Christentum, in: Lorenz/Scholkmann (Hg.), S. 65–113.

Maurer, H.: Das Bistum Konstanz und die Christianisierung der Alemannen, in: Berschin u. a. (Hg.), Mission und Christianisierung am Hoch- und Oberrhein (6.–8. Jahrhundert), Stuttgart 2000, S. 139–163.

Morissey, Ch.: Alamannen zwischen Bodensee und Main. Schwaben im frühen Mittelalter, Bibliothek Schwäbischer Geschichte, Karlsruhe 2013.

Neupert, S.: Frühes Christentum bei Alemannen und Bajuwaren im 6. und 7. Jahrhundert, München/Ravensburg (book on demand) 2007.

Rubel, A. (Hg.): Überlegungen zum Barbarenbegriff der Römer: Geten, Daker und Thraker in den Augen der Römer, in: ders., Die Barbaren Roms. Inklusion, Exklusion und Identität im Römischen Reich und im Barbaricum (1.–3. Jahrhundert n. Chr.), SAGA (Studien zu Archäologie und Geschichte des Altertums) II, Konstanz 2016, S. 11–41.

Scholkmann, B.: Frühmittelalterliche Kirchen im alemannischen Raum. Verbreitung, Bauformen und Funktion, in: Lorenz/Scholkmann (Hg.), S. 125–152.

Schulke, A.: Zeugnisse der „Christianisierung" im Grabbefund? Eine Forschungsgeschichte mit Ausblick, Ethnogr.-Arch. Zeitschr. 38, 1997, S. 457–468.

Steuer, H.: Theorien zur Herkunft und Entstehung der Alemannen. Archäologische Forschungsansätze, in: Geuenich (Hg.), Die Franken und die Alemannen bis zur „Schlacht bei Zülpich" (496/97), Berlin u. a. 1998, S. 270–324.

Valentin Dahlem

Ein bibelkundiger Bauer

SUSANNE CLAUSSEN

Valentin Dahlem muss ein beeindruckender Mann gewesen sein. Ein Bauer, der sich selbst Latein, Griechisch und Hebräisch beibrachte. Ein bibelfester Gläubiger, der nach der Arbeit noch dichtete. Ein einfacher Mann, dessen Meinung die Herzöge schätzten. Und: ein Andersgläubiger. Aus der Pfalz waren 1773 er, seine Familie und andere Mennoniten nach Nassau gekommen. Sie hatten in Fürst Karl von Nassau-Usingen einen Landesherrn gefunden, der ihrer Variante des Christentums aufgeschlossen gegenüberstand und ihnen die Ansiedelung in seinem Territorium erlaubte. Valentin Dahlem wurde das geistige Oberhaupt dieser Mennonitengemeinschaft.

Umwälzungen in der Landwirtschaft

Geboren wurde Valentin Dahlem in der Pfalz, wo es eine Mennonitengemeinschaft gab, deren Vorfahren aus der Schweiz und aus dem Elsass geflohen waren. Einige Pfälzer Mennoniten wurden nach Missernten und Hungersnöten in den 1770er-Jahren vom damaligen Fürsten Karl von Nassau-Usingen und seinem Regierungspräsidenten Freiherr von Kruse zur Ansiedelung in Nassau angeworben, denn sie konnten eines besonders gut: Landwirtschaft betreiben. Wenn man sie nach ihren Vorstellungen arbeiten ließ, erwirtschafteten sie mit großem Fleiß und fortschrittlichen Methoden ihren Lebensunterhalt und mehr. Sie betrieben Fruchtfolge statt der üblichen Dreifelderwirtschaft, sie bauten Klee an, der einerseits den Boden verbesserte, andererseits als Viehfutter diente, und sie kultivierten Kartoffeln. Das ausgehende 18. und beginnende 19. Jahrhundert war allgemein eine Zeit großer Umwälzungen in der Landwirtschaft. Die überlieferten Wirtschaftsformen konnten dem steigenden Lebensmittelbedarf, der mit dem Bevölkerungswachstum und der beginnenden Verstädterung einherging, nicht mehr gerecht werden. In allen Bereichen waren daher landwirtschaftliche Reformen und Neuerungen nötig. Auch im Fürstentum Nassau-Usingen und später im Herzogtum Nassau strebte die Regierung eine Verbesserung der landwirtschaftlichen Erträge an, indem sie beispielsweise durch entsprechende

Gesetze den Bauern mehr Freiheit gab: So wurde etwa die Leibeigenschaft aufgehoben. Auch überkommene Weiderechte wurden gestrichen, denn sie verhinderten den Anbau von Wintergetreide. Viele Flächen mussten dieser Weiderechte wegen monatelang brachliegen und konnten nicht bewirtschaftet werden. Das wurde nun geändert. Zudem ließ die nassauische Regierung Musterhöfe errichten. Dort wurden neue Methoden ausprobiert, von denen die anderen Landwirte lernen sollten.

Eine der ersten Maßnahmen zur Verbesserung der Versorgung in Nassau-Usingen war es, den Mennoniten Dominialhöfe[1] auf Zeit pachtweise zu überlassen, damit sie dort ihre Kenntnisse einsetzen und sozusagen vorführen konnten. Auf diese Weise wurde die Landwirtschaft in Nassau durch praktische Anschauung modernisiert und weniger durch Theorien fundiert, wie die Freiherren von Kruse und von Gagern in einem zeitgenössischen Bericht zusammenfassten:

„Die grossen Theorien anderer Länder finden wir zwar bei uns nicht […]. Aber in dem praktischen Teil ist dennoch Leben und Betriebsamkeit. Vorzüglich unsere Wiedertäufer [gemeint: die Mennoniten] gingen mit Beispiel voran, Nachbarn der vormaligen Unterpfalz, und mit ihnen rivalisierend schreitet man überall vorwärts. Der Kleebau hat uns geholfen. Die Brache ist eingeschränkt. Die Viehzucht prosperiert."[2]

Leben nach der Bibel

Die Zeitgenossen von Valentin Dahlem nannten die Mennoniten „Wiedertäufer". Ohne sie diskriminieren zu wollen, nutzten sie damit einen Kampfbegriff aus der Reformationszeit, der die Mennoniten dennoch verunglimpft. Mennoniten taufen nicht „wieder", also ein zweites Mal, was nach christlicher Überzeugung eine Sünde wäre, sondern nur keine Säuglinge und Kleinkinder. Sie taufen erst, wenn die Heranwachsenden sich bewusst für die Taufe entscheiden können. Ihr Name geht auf den niederländischen Prediger Menno Simons (ca. 1496–1561) zurück, der eine radikale Rückkehr zur Bibel und zur Lebensweise von Jesus lehrte. Mennoniten hatten kaum feste Organisationen, weshalb aus den Mennonitengemeinden auch verschiedene andere Gemeinschaften entstanden. Deren bekannteste sind heute wahrscheinlich die Amish People im Nordosten der USA. Mennoniten setzen kein Theologiestudium zur Verkündigung voraus, sondern hören Laienpredigern zu. Kirchliche Hierarchien und große Institutionen sind ihnen verdächtig, denn Geld und Macht lenken in ihren Augen zu schnell vom Evangelium ab. Mit Berufung auf die Bibel lehnten und lehnen sie es ab, Eide zu schwören oder Kriegsdienst zu leisten. Diese Überzeugungen und Praktiken trennten sie nicht nur von den großen Kirchen, sondern brachten sie auch immer wieder mit staatlichen Strukturen in Konflikt. Die Geschichte der Mennoniten ist deshalb auch eine Geschichte der Unterdrückung und Verfolgung.

Valentin Dahlem und seine Familie

Valentin Dahlem lebte von 1754 bis 1840. Er zog als junger Mann mit seiner Mutter, seinem Stiefvater und der ganzen Familie 1773 von Erbes-Büdesheim in der Pfalz nach Biebrich, wo sie vom Freiherrn von Kruse einen Hof zur Bewirtschaftung bekamen.³ 1782 heiratete er in Mosbach die Mennonitin Barbara Hüthwohl und gründete mit ihr einen eigenen Hausstand. Dazu überließ ihm Freiherr von Kruse pachtweise den Koppensteiner Hof in Wiesbaden. Dieser Hof lag an der Südseite des jetzigen Rathauses und erstreckte sich über einen Teil des heutigen Dern'schen Geländes. Er umfasste Mitte des 18. Jahrhunderts rund 240 Morgen Wiese, Ackerland, Weinberge und Hopfengärten, die teilweise weiter weg lagen, und war damit ein großer Hof. Der Wiesbadener Chronist Christian Spielmann stellte sich rund hundert Jahre später vor, wie Dahlems Hof und seine Lebensweise wohl auf die alteingesessene Bevölkerung gewirkt haben mag:

„*Der Hof (das heutige sogenannten Dernsche Terrain hinterm Rathaus) lag an der Stadtmauer beim Unteren Stadttore; vor diesem befanden sich herrschaftliche Ländereien, die Dahlem ebenfalls bewirtschaftete. Da kamen die Bauern der Umgegend und staunten, wie der ‚haargeloffene Wiedertäufer' die für viele noch giftige Kartoffel und das Wucherkraut Klee zog, wie er damit die Brache ausnutzte und den Boden ‚verdarb'. Aber trotzdem hatte der fremde ‚Deiwelskerl' immer die beste Frucht.*"⁴

In den Jahren, die Valentin und Barbara Dahlem auf dem Koppensteiner Hof arbeiteten, bekamen sie fünf Kinder, erlebten während der napoleonischen Kriege Truppendurchmärsche und Einquartierungen und immer wieder gute Jahre. Die Einquartierungen hinterließen große Schäden, auch eine Viehseuche traf den Hof schwer. Überdies nahmen die Dahlems verarmte Verwandte aus der Pfalz zu sich und ebenso selbstverständlich versorgten sie fremde verwundete und kranke Soldaten. Bei allen wechselnden Ereignissen blieb ihnen jedoch immer die Gunst der nassauischen Fürsten und Herzöge erhalten. Spielmann schreibt, dass Herzog Friedrich August auf seinem morgendlichen Austritt oft anhielt, wenn Valentin Dahlem schon auf dem Feld war, und sich mit ihm über die Landwirtschaft austauschte. Valentin Dahlem verfügte übrigens nicht nur über gute Kenntnisse der Landwirtschaft und eine große Allgemeinbildung, sondern hatte sich auch Latein, Griechisch und Hebräisch selbst beigebracht. Er wollte die Bibel in ihren Ursprachen lesen können. Darüber hinaus hatte er eine große Bibliothek und schrieb selbst Aufsätze und Gedichte.

Nach der Geburt eines toten Sohnes erkrankte seine Frau Barbara psychisch schwer und starb 1803. Wir wissen nicht, wie tief die Trauer der Familie war, welche Bibelstellen Valentin nun abends zum Trost vorlas. Aber man weiß, dass er seine anderen Kinder gut versorgte. Er konnte sie alle verheiraten und alle hatten ein gesichertes Auskommen: Der älteste Sohn, Jakob, heiratete 1811 und ging nach Eschborn.

Elisabeth heiratete 1815 einen mennonitischen Kaufmann aus Neuwied. Heinrich zog um, als er die Mühle seines mennonitischen Schwiegervaters übernehmen konnte. Für Katharina und ihren Ehemann kaufte Valentin Dahlem den Schafhof bei Bleidenstadt und für Johannes und seine mennonitische Ehefrau aus der Pfalz pachtete er 1820 das Hofgut Rosenköppel in Frauenstein.[5]

Streben nach dem Himmel, nicht nach irdischen Gütern?

Noch zu Barbaras Lebzeiten wurde Valentin Dahlem zum Vorsteher der südnassauischen Mennoniten gewählt. Diese Gemeinde bestand um 1830 aus rund 85 Personen.[6] Dahlem predigte zu ihnen, taufte, traute und beerdigte ihre Mitglieder und pflegte die Beziehungen der Mennoniten untereinander. Nach dem Frieden von Lunéville zwischen dem revolutionären Frankreich und dem Heiligen Römischen Reich unter Kaiser Franz II. beschlossen die Mennoniten links und rechts des Rheins auf einem gemeinsamen Konzil 1803 in Ibersheim, sich zu einem Verbund zusammenzuschließen. Sie beauftragten Valentin Dahlem, eine gemeinsame Liturgie auszuarbeiten. Sein daraufhin erstelltes „Formularbuch" wurde 1805 als verbindlich angenommen. Er entwarf auch ein Kirchensiegel für die mennonitischen Gemeinden, das Anfang des 20. Jahrhunderts in den Besitz von Christian Spielmann gelangte.[7]
Solange er lebte, kümmerte sich Dahlem um die südnassauische Mennonitengemeinde, nach seinem Tod löste diese sich jedoch langsam auf. Schon eine von Dahlems Schwestern, dann auch seine Enkelkinder heirateten offenbar evangelische Partner, was ihren Ausschluss aus der Mennonitengemeinde zur Folge hatte.[8]
1820 zog sich Dahlem vom Koppensteiner Hof zurück. Er war mittlerweile 66 Jahre alt und verbrachte die 20 Jahre bis zu seinem Tod abwechselnd bei seiner Tochter Katharina auf dem Schafhof in Bleidenstadt und bei seinem Sohn Johannes auf dem Hofgut Rosenköppel bei Wiesbaden-Frauenstein. Aus dieser Zeit berichtet Spielmann eine kleine Anekdote: Ein offenbar engstirniger Lehrer schloss Dahlems mennonitische Enkel im katholischen Frauenstein vom Religionsunterricht aus, was besonders im Winter unangenehm kalt für die Kinder war, denn sie mussten so lange draußen warten. Dahlem schrieb daraufhin an den Lehrer: *„Wenn Ihre Lehre von Gott und Jesu Christo ist, so mögen sie meine Kinder wohl hören: sollte es anders sein, dann mag es wie bisher sein Bewenden haben"*[9] – und schlug den Lehrer dadurch mit seinen eigenen Waffen. Die Kinder durften daraufhin dem Unterricht beiwohnen.
Valentin Dahlem hätte seinen Lebensabend auch als verhältnismäßig reicher Bauer auf seinem eigenen Hof beschließen und die Früchte seiner Arbeit genießen können. 1816 hatte ihm Herzog Wilhelm den Koppensteiner Hof zum Geschenk angeboten.[10] Valentin Dahlem nahm das Geschenk nicht an, sondern zog es vor, den Hof weiterhin

nur zu pachten. Warum er das Geschenk des Herzogs abgelehnt hat, weiß man nicht. War es zu sehr mit den Erinnerungen an den Tod seiner Frau verbunden? Oder hatte seine Entscheidung religiöse Gründe? Es ist gut möglich, dass er, der überzeugte Mennonit, ein tiefes Misstrauen gegen sich verfestigende Strukturen und die Macht von Besitz hegte, dass seiner Überzeugung nach der Mensch zwar Reichtümer im Himmel anhäufen soll, aber nicht auf Erden, wo er „keine bleibende Statt" hat. Valentin Dahlem ist in Dotzheim beerdigt. Einen weiteren Prediger von der Ausstrahlung Valentin Dahlems erlebten die Mennoniten in Süd-Nassau nicht mehr. Was von den Mennoniten bleibt, ist ihr bedeutender Beitrag zur Wirtschaftsgeschichte des Landes.

Anmerkungen

1   Güter im herrschaftlichen Besitz.

2   Zitiert nach: Spielmann, Christian: Die Mennoniten und ihre Bedeutung für die Kultur in Nassau. In: Nassauische Annalen 26, 1894, S. 137–144, hier S. 137.

In Württemberg versuchte die Landesregierung übrigens auf ähnliche Weise, die Landwirtschaft zu modernisieren: Nach der Missernte im Jahr 1816 aufgrund des Ausbruchs des javanischen Vulkans Tambora und der verheerenden Hungersnot im Folgejahr 1817 wurde die Staatsdomäne Hohenheim zu einem Musterbetrieb umgebaut. Sie wurde in der Folgezeit zur „Landwirtschaftlichen Akademie" ausgebaut und ist das Kernstück der heutigen Universität Hohenheim.

3   Der Hof wurde nach dem Namen des Stiefvaters „Borkholder Hof" genannt.

4   Spielmann, 1914, S. 4.

5   August Heinrich Meuer spricht von Pacht; Spielmann geht davon aus, dass Dahlem auch das Hofgut Rosenköppel gekauft hat. Siehe Meuer, August Heinrich: Geschichte von Dorf und Burg Frauenstein nebst Nachrichten über die Höfe Armada, Grorod, Nürnberg, Rosenköppel und Sommerberg. Ein Heimatbuch nach archivalischen Quellen. Wiesbaden, 1930, S. 121. Siehe auch Spielmann, 1894, S. 142.

6   Struck, 1981, S. 199, nach Spielmann, 1894, S. 143.

7   Der Wiesbadener Chronist Christian Spielmann lebte von 1861 bis 1917. In seiner Verwandtschaft gab es einen Nachkommen von Valentin Dahlem. Das erwähnte Siegel der Mennoniten befand sich in seinem Nachlass, konnte aber trotz intensiver Nachforschungen nicht mehr gefunden werden.

8   In Deutschland gehören zurzeit rund 40.000 bis 50.000 Menschen mennonitischen Gemeinden an, die in der Mennonitischen Weltkonferenz organisiert sind, dazu kommen weitere freie mennonitische Gemeinden. Quelle: www.remid.de/statistik; Abfrage vom 20.10.2013. Wiesbaden hat derzeit keine mennonitische Gemeinde.

9   Zitiert nach: Spielmann, 1914, S. 12.

10   Den Koppensteiner Hof schenkte Herzog Wilhelm später seinem Oberforstrat Dern, weshalb das Areal heute „Dern'sches Gelände" heißt. Im Laufe des 19. Jahrhunderts wurde der Hof abgerissen, seine Ländereien wurden sukzessive verkauft.

Quellen, Literatur und historischer Hintergrund

Bleymehl-Eiler, Martina: Stadt und frühmoderner Fürstenstaat. Wiesbadens Weg von der Amtsstadt zur Hauptstadt des Fürstentums Nassau-Usingen. 2 Bde., Mainz, 1998.

Dünkelberg, Friedrich Wilhelm: Rückblick. In: Wochenblatt des Vereins nassauischer Land- und Forstwirthe, Nr. 34, 1864, S. 147–152.

Meuer, August Heinrich: Geschichte von Dorf und Burg Frauenstein nebst Nachrichten über die Höfe Armada, Grorod, Nürnberg, Rosenköppel und Sommerberg. Ein Heimatbuch nach archivalischen Quellen. Wiesbaden, 1930.

Spielmann, Christian: Die Mennoniten und ihre Bedeutung für die Kultur in Nassau. In: Nassauische Annalen 26, 1894, S. 137–144.

Ders.: Valentin Dahlem. Lebensbild eines nassauischen Mennonitenpredigers. Wiesbaden, 1914.

Ders.: Geschichte von Nassau. Bd. 2, Kultur- und Wirtschaftsgeschichte. Montabaur, 1926.

Struck, Wolf-Heino: Wiesbaden im Biedermeier. Wiesbaden, 1981, S. 199 f.

Magnus Friedrich Roos

**Die Gabe, deutlich zu schreiben.
Ein Bibelausleger für den Alltag**

SEBASTIAN SCHMAUDER

Ist ein Mann von schönen Gaben und vieler Wissenschaft, hat eine Gabe besonders deutlich u. nicht ohne Überlegung zu schreiben und zu reden. Ist in seinen Amtsverrichtungen, auch in rebus agendis sehr fleißig, hat eine liebreiche Ehe, und Sorge vor seinen Sohnlen [sic]. Führt überhaupt einen christlichen Wandel mit den Seinigen vor jedermann.[1]

Mit diesen Worten wird Magnus Friedrich Roos in einem Visitationsbericht von 1770 beschrieben. Die Beurteilung zeichnet ihn als fleißigen, zeitkritischen, gründlichen, überlegten Theologen, andererseits ist auch angedeutet, dass Roos bei aller Bildung nicht abgehoben wirkte – weder gegenüber „den Seinen" noch gegenüber „jedermann". Heute würde man dieses Ineinander von Lehre und Leben wohl mit dem Begriff „authentisch" charakterisieren. Seine „Gabe besonders deutlich u. nicht ohne Überlegung zu schreiben" und dadurch auch seine Mitchristen zu einem authentischen Lebensstil anzuleiten, ist bis heute in seinen über 50 schriftlichen Werken lebendig.

Kurzer Lebensabriss

Das Leben von M. F. Roos verläuft auffallend ruhig, ohne große biografische Brüche. Es sei hier nur in Stichworten skizziert:

    06.09.1727   Geboren in Sulz am Neckar
    1742–1749   Theologiestudium in Tübingen
    Darauf folgt sein Vikariat in den schwäbischen Orten Tübingen-Derendingen, Calw, Owen/Teck und Stuttgart. Anschließend kommt er als Repetent an das Evangelische Stift in Tübingen.
    1757   Pfarrer in Göppingen

1767	Pfarrer und später Dekan in Tübingen-Lustnau
Ab 1784	Prälat in Anhausen und als solcher Mitglied im Landtag
1788–1797	Als Landtagsmitglied im Großen Ausschuss politisch tätig
19.03.1803	Roos stirbt nach anstrengender Halskrankheit (Erstickungsnöte).

M. F. Roos war in erster Ehe verheiratet mit Christiane geb. Gmelin aus Tübingen. Von fünf Kindern überlebt nur Johann Friedrich (später Dekan in Marbach). Seine Frau stirbt nach kurzer Krankheit im Jahr 1766. Roos' zweite Ehe mit Susanna Barbara Wittels bleibt kinderlos.

Erwähnenswert sind die vielen Sterbefälle in direktem Umfeld, die Roos beschäftigen und die er in seinem „Lebensabriss" ausführlich erwähnt. Neben dem Tod seiner Frau und vieler seiner Kinder erlebt er den Tod seiner Mutter, seiner Geschwister und eine lebensbedrohliche Krankheit am eigenen Leib. Vermutlich auch deshalb finden sich in seinen Schriften manche theologischen Auseinandersetzungen mit dem Tod. Über diese Leiderfahrung resümiert er dennoch dankbar:

> „Es diente auch zu meinem Besten, daß ich in meiner Kindheit und Jugend die Krankheit und den Tod vieler Geschwister, die ich lieb hatte, erleben, und zum Theil ansehen mußte, und überhaupt von mancher Noth berührt wurde."[2]

„Eine Gabe, besonders deutlich … zu schreiben"

Roos steht am Anfang der beginnenden Erweckungsbewegung. Der Pietist Roos wendet sich deutlich gegen die in dieser Zeit erstarkende Aufklärung:

> „Solange ein Mensch seinen Kopf zu seinem Gott macht, ist ihm weder mit der Bibel noch mit den Kirchenlehrern zu helfen."[3]

Roos legt dar und steht dafür ein, dass die Bibel dem Menschen ein Gegenüber ist, das ihn herausfordert, korrigiert und Wahrheiten eröffnet, die der menschliche Verstand nicht aus logischem Denken heraus ableiten kann. Offenbarung geschieht nicht aus dem Menschen selber heraus.[4] Offenbarung ist das, was außerhalb des Menschen – also von Gott her – dem Menschen ein Gegenüber ist.

Diese deutliche Kritik an der vorherrschenden Meinung führt auch dazu, dass manche seiner Schriften zensiert werden, so beispielsweise seine Schrift „Gewisse, wahrscheinliche, und falsche Gedanken von dem Zustande gerechter Seelen nach dem Tode (1770)". Die Abhandlung von Roos ist in der gewohnten Weise nüchtern. Er verliert sich nicht in Detailspekulationen, sondern bleibt bei einer gründlichen

Exegese der Bibel. In der Tradition Johann Albrecht Bengels sieht er in deren Mitte den gekreuzigten Jesus Christus. Typische pietistische Themen klingen durch: eine klar von der Bibel her entwickelte Theologie, die Thematisierung der Heiligung und eine Ausrichtung des Christenlebens auf die Eschatologie.

Rundschreiber und Netzwerker

Roos ist sich bewusst, dass er nicht allein stehen konnte. Er braucht einen Kreis von Brüdern, mit denen er seine Fragen ventilieren kann und die sich gegenseitig stärken sollen. Ihm ist daran gelegen, ein Netzwerk aufzubauen, das sich über Württembergs Grenzen hinaus erstreckt und zur gegenseitigen Stärkung und theologischen „Fitness" der einzelnen Pfarrer beitragen soll. Mit einigen führenden Vertretern des Pietismus unterhält Roos eine sog. Zirkularkorrespondenz. Das Prinzip ist denkbar einfach: Ein Brief wird in festgelegter Reihenfolge von einem Teilnehmer zum anderen weitergereicht. Darin werden die unterschiedlichsten Themen besprochen. Jeder ergänzt das oben Geschriebene mit eigenen Kommentaren. Die Korrespondenz dauerte von 1753 bis 1795 (Manuskripte finden sich erst seit 1755).[5]

Das Anliegen dahinter geht aus einem Schreiben hervor, das einige Männer an den pietistischen Theologen Johann August Urlsperger richten, der beabsichtigt, eine Gesellschaft zu gründen, die Erkenntnis und Wahrheit ausbreitet. Sie raten ihm ebenfalls zu einer Zirkularkorrespondenz. Die hier angesprochenen Aspekte Trost, Ermahnung, Benachrichtigung und Aufmunterung sind auch in den Rundschreiben mit Roos' Beteiligung zu finden:

> „Wollte Herr D. Urlsperger eine Cyclische Correspondenz unter bewährten Männern, die in Verschiedenen Gegenden leben, anrichten, in welche Trost, Ermahnung, Benachrichtigung von den Zeichen dieser Zeit, die da und dort wahrgenommen werden, Aufmunterung zu dieser und jener Arbeit u. dgl. einfliessen könnte. [...] Auch dürfte eine solche Correspondenz dem Publico nicht im Druck angekündiget werden; weil solches sogleich Argwohn und eine Beschwehrliche Nachfrage erwekte. Tübingen d, 3. Jan. 1782."[6]

Die Gabe, verständlich zu schreiben

Zur Gabe, „deutlich zu schreiben" gehört auch, dass jedem verständlich sein soll, was er geschrieben hat. Das gilt ebenso für seine wissenschaftlichen Werke wie für seine erbaulichen und allgemeinverständlichen Schriften.

Im Zusammenhang mit seinen wissenschaftlichen Büchern ist besonders seine dreibändige „Einleitung in die biblischen Geschichten" (1774) zu nennen. Ganz in der Tradition von J. A. Bengels „Gnomon" geht er in dieser Schrift Kapitel für Kapitel durch die einzelnen biografischen Abschnitte des Alten Testaments: „Dieses Werk ist zuletzt im Jahr 1876 neu aufgelegt worden. Es galt zu Anfang des 19. Jahrhunderts mit Recht als eine der besten Einführungen in das Alte Testament."[7]

Zur Kategorie der erbaulichen und allgemeinverständlichen Schriften zählen zum einen seine Dialogbücher, zum anderen sein Hausbuch.

Dialogbücher

Bekannt ist Roos für seine Dialogbücher. Diese eher kurzen Schriften sind in Dialogform aufgebaut. Sie behandeln in überschaubaren Abschnitten Grundfragen des Glaubenslebens. In diesen Büchern unterhalten sich verschiedene Personen über unterschiedliche Themen. Sie sind in gewisser Weise so etwas wie ein pietistischer „Romanersatz".[8] Weltliche Literatur zu lesen ist in pietistischen Kreisen nicht gerne gesehen. In seinen (meist kurzen) Dialogbüchern gelingt es Roos fast spielend leicht, doch nie flach, schwierige Themen mit einem gewissen Unterhaltungswert zu erörtern. Zu den Dialogbüchern zählen u. a.:

- Soldaten-Gespräche zur Pflanzung der Gottseligkeit unter den Soldaten (1777)
- Etwas für Seefahrer. In Gesprächen über das Unentbehrlichste zu einer vergnügten und glücklichen Seereise (1787)
- Erbauliche Gespräche von wahren Geschichten welche sich unter Handels- und Handwerksleuten zugetragen haben, und merkwürdige Erweisungen der Gnade und Gerechtigkeit Gottes enthalten (1789)
- Christliche Gespräche für Landleute (1791)
- Christliche Gespräche vom Tod und von demjenigen, was bey wahren Christen vorhergeht und nachfolgt (1800)
- Gespräche vom Alter (1803)

Auffallend bei diesen Dialogbüchern ist, dass sich Roos für die „Alltagsdinge" stark macht und das Priestertum aller Gläubigen ganz praktisch werden lässt. Wie kann ein Seemann in seinem Beruf Christ sein? Wie kann ein Tischler mit einem Seemann über geistliche Dinge reden? Auch hier wird deutlich, wie sehr Roos daran gelegen ist, dass die Glaubenslehre im Lebensvollzug ganz praktisch Gestalt gewinnt – eingangs haben wir dies als „Authentizität" bezeichnet.

Die Dialogbücher – aber auch seine anderen Schriften – sind lebenspraktisch und seelsorgerlich orientiert. Viele der Dialoge haben einen eschatologischen Charakter. Sie haben den wiederkommenden Herrn immer im Blick und sprechen von einer ewigkeitsrelevanten Verantwortung und Hoffnung.

Hausbuch

Die wohl populärste Schrift von M. F. Roos ist sein Hausbuch. Diesem umfangreichen Werk legt Roos das „Geistliche Liederkästlein" von Philipp Friedrich Hiller zugrunde. Hiller hat in dieser Liedersammlung zwei Mal 366 Lieder zusammengestellt, also für zwei Jahre an jedem Tag ein Lied, dem ein Bibelvers und eine kurze Betrachtung des Bibelverses vorausgehen. Diese Bibelverse legt Roos jeweils in einem ca. eine Seite langen Text aus. Sein Hausbuch hat Generationen von Familien geprägt und tut es teils noch heute.
Roos schreibt für jeden Tag des Jahres zwei Andachten. Er verwendet für die Morgenandachten Bibeltexte und das Lied aus dem ersten Teil der Hiller'schen Liedersammlung, für die Abendandacht greift er auf den zweiten Teil des Hiller'schen Liederkästleins zurück. Das Hausbuch erlebt bis heute viele Auflagen, Nachdrucke und Übersetzungen in mancherlei Sprachen (es liegt sogar eine Übersetzung in Tamil vor). Sein Hausbuch dient als Leitfaden für die Hausandacht, die im Familienkreis gehalten wird. Das Ziel, das er damit verfolgt, benennt er in seinem Vorwort:

> *Die heilige Schrift sagt: „der Mensch müsse seinen Sinn ändern, zu Gott, den er verlassen hat, umkehren, glauben, ringen, wachen, beten, Gott loben, Ihm danken u. s. w. Bei wem nun dieses Alles sich findet und im Gang ist, der ist ein andächtiger Christ."*[9]

Er möchte, dass bei den Lesern und Leserinnen Glaubensfrömmigkeit, Wahrheitserkenntnis und Leben in Einklang kommen – eben das, was die Visitatoren an seinem Leben wohlwollend beobachtet haben, und zeigt sich nicht zuletzt darin als ein Bibelausleger für den Alltag:

> *„Ich wünschte, daß dieses Hausbuch durch Gottes Gnade die wahre Andacht bei vielen Lesern erwecken und unterhalten, folglich eine kräftige Erkenntniß der Wahrheit, die von Gott kommt, und eine beständige Zukehr der Herzen zu Gott nebst ihren heiligen Aeußerungen wirken möge."*[10]

Anmerkungen

1 Ehmer: Roos, S. 21, dort ein Zitat nach LKA A 13, Bd. 2, Bl. 417.

2 Roos: Lebensabriß, S. VII.

3 Roos: Glaubenslehre, S. 164.

4 Vgl. Roos: Beweis, daß die ganze Bibel von Gott eingegeben und die darauf gegründete christliche Religion wahr sey.

5 Verzeichnis zu Cod. his. qt. 318–529. Fortsetzung des gedruckten Katalogs der historischen Handschriften enthaltend neue Erwerbungen: Quarto 3/8 ff., Archiv der Württembergischen Landesbibliothek, Stuttgart o.J.

6 M. F. Roos u. a., An Majer, 3.1.1782, Stuttgart 1782, 4. UB Basel, Archiv Dt. Chr. Ges. D.V. 2, Nr. 1.

7 Roessle: Von Bengel bis Blumhardt, S. 214.

8 Vgl. Jarlert: Pietism and Community, S. 308.

9 Roos: Vorrede, S. VI.

10 Roos: Vorrede, S. VI.

Literaturverzeichnis

Ehmer, Hermann: Magnus Friedrich Roos und die württembergische Kirche, in: Anders Jarlert (Hg.): Magnus Friedrich Roos – ein Württembergtheologe und Schweden, in: Bibliotheca Historico-Ecclesiastica Lundensis 51, Lund 2011, S. 7–26.

Hummel, Herbert: Geist und Kirche 2. Blaubeurer Klosterschüler und Seminaristen. Biographische Skizzen aus vier Jahrhunderten, in: Wolfgang Schürle (Hg.): Alb und Donau. Kunst und Kultur 42, Stuttgart 2004.

Jarlert, Anders: Pietism and community in Magnus Friedrich Roos's dialogue books, in: Jarlert, Pietism and community in Europe and North America, 1650–1850. Leiden 2010, S. 307–328.

Roessle, Julius: Von Bengel bis Blumhardt. Gestalten und Bilder aus der Geschichte des schwäbischen Pietismus, Metzingen ^{3}1962.

Roos, Magnus Friedrich: Aus der Vorrede, in: Roos, Christliches Hausbuch, welches Morgen- und Abend-Andachten auf jeden Tag des ganzen Jahres nebst beigefügten (Hiller'schen) Liedern enthält. Nebst einem Anhange von weiteren Gebeten für zwei Wochen und für einige besondere Fälle. Mit dem Lebensabriß des Verfassers, Stuttgart ^{6}1954 (1783), S. III–VI.

Roos, Magnus Friedrich: Beweis daß die ganze Bibel von Gott eingegeben und die darauf gegründete christliche Religion wahr sey. Tübingen 1791.

Roos, Magnus Friedrich: Etwas für Seefahrer, Hamburg, Berlin; 1787.

Roos, Magnus Friedrich: Christliche Glaubens-Lehre. Für Diejenigen, welche sich zur gegenwärtigen Zeit nicht mit mancherlei und fremden Lehren umtreiben lassen wollen; nach der heiligen Schrift verfertigt. Tübingen ^{2}1845 (1786).

Roos, Magnus Friedrich u. a.: Lebensabriß des Verfassers, in: Roos, Christliches Hausbuch, welches Morgen- und Abend-Andachten auf jeden Tag des ganzen Jahres nebst beigefügten (Hiller'schen) Liedern enthält. Nebst einem Anhange von weiteren Gebeten für zwei Wochen und für einige besondere Fälle. Mit dem Lebensabriß des Verfassers, Stuttgart ^{6}1954 (1783), S. VII–XVI.

VON BIEBERSTEIN

Ernst Franz Ludwig Freiherr Marschall von Bieberstein

TRAUDL REICHERT

Magnus Friedrich Roos und Ernst Franz Ludwig Marschall von Bieberstein (1770 bis 1834) – eines der sechs Paare dieser Ausstellung. Es ist einen Versuch wert, sich der Frage zu nähern, ob dies ein „ungleiches" Paar oder doch eher ein „gleiches" ist. Prälat Magnus Friedrich Roos, geboren und aufgewachsen im Württembergischen, hat dort theologisch und politisch bis zu seinem Tod gewirkt. Bis heute sind seine frommen Schriften in pietistischen Kreisen bekannt. Ein Förderverein hält sein Andenken wach.

Weniger präsent scheint die Erinnerung an die zweite Person zu sein: Ernst Franz Ludwig Marschall von Bieberstein. Marschall von Bieberstein wurde am 2. August 1770 im schwäbischen Wallerstein, Landkreis Donau-Ries, geboren. Sein Vater war dort Oberst und Hofmarschall. 1782, der Knabe war erst 12 Jahre alt, schickte der Vater seinen Sohn an die „Hohe Karlsschule" in Stuttgart, eine Militärakademie, die für ihren autoritären Erziehungsstil und die Pflicht zu unbedingtem Gehorsam bekannt war. Friedrich Schiller war einer jener Schüler, durch deren Zeugnis wir erfahren, welche Spuren diese Einrichtung im Leben der Zöglinge hinterlassen und wie sie bei vielen von ihnen offenen oder versteckten Widerstand provoziert hat. Ob Ernst Franz Ludwig Marschall von Bieberstein zu den „Widerständigen" gehörte, ist nicht belegt. Da aber bekannt ist, dass der junge Marschall von Bieberstein den Idealen und Ideen der französischen Revolution von Anfang an nahestand, ist eine solche Überlegung nicht abwegig.
1791 trat er in den Staatsdienst von Nassau-Usingen ein, Zeit seines Lebens blieb er dieser Gegend treu. 1793 wurde die Region Saarbrücken-Nassau von französischen Truppen besetzt, das linke Rheinufer fiel an Frankreich. Marschall von Bieberstein setzte sich als Regierungspräsident für eine Entschädigung der verlorenen Gebiete ein. Er wurde im 1806 neu gegründeten Herzogtum Nassau „dirigirender Staatsminister" – so zu lesen auf der Grabinschrift – und damit Leiter der Regierung. Nun war für ihn die Zeit gekommen, Reformen, wie sie in anderen Ländern schon umgesetzt waren, auch in seinem Gebiet auf den Weg zu bringen. Er griff dabei auf die Nassauer Denkschrift zurück, die Freiherr Karl vom und zum Stein, der zu dieser Zeit auf

seinen nassauischen Besitzungen lebte, später in Preußen umsetzen sollte. Reformen sollten vor allem die feudalen Belastungen der Bevölkerung mindern, um eine revolutionäre Gegenwehr zu vermeiden. Marschall von Bieberstein setzte ein Ende der Leibeigenschaft durch, die Steuerprivilegien des Adels wurden abgeschafft.

Was trieb ihn, der jenem Adel entstammte, zu derartigen Überlegungen? Wir werden erinnert an die Bauernkriege fast 300 Jahre zuvor. Menschen beriefen sich damals auf die Gedanken Martin Luthers zur „Freiheit eines Christenmenschen", auch wenn der Reformator dieser diesseitig geprägten Auslegung nicht zustimmte. Ob Marschall von Bieberstein von solchen Überlegungen geleitet wurde? Ahnte er, dass es bald nicht mehr ausreichen würde, sich auf ein jahrhundertealtes Adelsgeschlecht zu berufen, dass der Adel seine führende Stellung einbüßen würde? Oder war es schlicht und einfach die Furcht, die Menschen könnten sich mit Gewalt gegen die Unterdrückung wehren? Jedenfalls vertrat er die Meinung, dass eine Verfassung mit mehr Rechten für das Gros der Bevölkerung der beste Schutz gegen revolutionäre Bewegungen sei, wobei sein Verständnis von „Verfassung" immer noch ein obrigkeitlicher Staat war.

Zu den weitreichenden Reformen Marschall von Biebersteins, die den Menschen zugutekamen, zählte aber auch die Neuordnung des staatlichen Gesundheitssystems, das als einzigartig in den deutschen Staaten galt. Es gab flächendeckend staatliche Medizinalräte, Amtsapotheken und Hebammen. Ebenfalls beeindruckend ist die Einführung von Simultanschulen, die gemeinsamen Unterricht unabhängig von der Religionszugehörigkeit gestatteten. Die Eheschließung zwischen Katholiken, Lutheranern und Reformierten wurde ebenfalls möglich.

Schon 1802 hatte Marschall von Bieberstein Karoline von Veltheim geheiratet. Ein überliefertes Gedicht zu Ehren der Brautleute lässt erahnen, wie geschätzt der Bräutigam zu dieser Zeit war. Hier ein Auszug:

> … *Durch Adelsinn erhaben ist MARSCHALL. Horcht!*
> *Ihn schmückt Rechtschaffenheit;*
> *Ihn schmücken Seelenstärck und Geistesgaben und Herzensgüt'*
> *in Deutscher Biederkeit.*
> *Sein Ruhm ist: Recht und Menschenwürde ehren und gehen*
> *stracken Pfads; mit vestem Schritt;*
> *In welchem Gang Er falscher Weisheit Lehren*
> *Als Höllenbrut und Gift im Staube tritt …*

Auf dem Wiener Kongress (1814/15), der zahlreiche Grenzen in Mitteleuropa neu festlegte und neue Staaten schuf, konnte Marschall von Bieberstein die Souveränität Nassaus erhalten. Als Dank bekam er vom nassauischen Herzog Wilhelm I. das Wasserschloss Hahnstätten zugesprochen.

Zusammen mit dem Freiherrn Karl vom und zum Stein arbeitete Bieberstein maßgeblich die Verfassung aus, die 1814 in Nassau in Kraft trat. Sie garantierte Grundrechte, die uns heute selbstverständlich sind. Sein Zweikammersystem wurde zum Merkmal eines modernen Staatswesens. In der „Herrenbank" war der Adel vertreten, die „Deputiertenkammer" setzte sich zusammen aus Vertretern der verschiedenen Kirchen und des Bürgertums. Der Aufbau des neuen, unabhängigen Staatswesens im Herzogtum Nassau mit der Hauptstadt Wiesbaden war sicherlich das größte Verdienst Marschall von Biebersteins.

Allerdings änderte sich die Situation im Deutschen Bund und mit ihr die Politik Marschall von Biebersteins. Er wandte sich ab 1818 von seinem bisherigen Reformkurs ab und schloss sich der monarchisch orientierten Restaurationspolitik des österreichischen Politikers Fürst Clemens von Metternich an. Marschall von Bieberstein wurde zum Vorsteher eines autoritären Regimes. Sein Augenmerk richtete er außen- und innenpolitisch vor allem auf die Bewahrung der staatlichen Souveränität Nassaus. Das selbstständige und unabhängige Herzogtum Nassau bestand jedoch nur bis 1866.

Zurück zur eingangs gestellten Frage, inwieweit Magnus Friedrich Roos und Ernst Franz Ludwig Freiherr Marschall von Bieberstein ein „ungleiches" oder eher ein „gleiches" Paar darstellen?

Magnus Friedrich Roos war in erster Linie Theologe, Pfarrer und einer der bedeutendsten Autoren zahlreicher Erbauungsschriften, Gebets- und Andachtsbücher. Nach seiner Zeit als Pfarrer in Göppingen und Lustnau bei Tübingen war er Abt des Klosters Anhausen, Landkreis Heidenheim. Als Abt hatte er eine politische Funktion inne, denn die Äbte der Klöster bildeten als Prälaten eine wichtige Gruppe im württembergischen Landtag neben den Vertretern der Städte und Ämter (Verwaltungsgemeinschaften). Kirche und Staat waren in diesem Amt vereint. Wenn Roos auch ein „Mann der alten Ordnung" war und für deren Erhaltung eintrat, kann doch festgehalten werden, dass sich in seinem Amt evangelische Konfession und frühmoderne Stände in Württemberg gegenseitig stützten. Magnus Friedrich Roos war ein politisch wirkender Theologe.

Könnte Marschall von Bieberstein als theologisch handelnder Politiker bezeichnet werden? Eine theologische Ausbildung hatte er nicht, sein zentrales politisches Anliegen, die Freiheit, kann jedoch durchaus biblisch beleuchtet werden: Für die Leibeigenen des ausgehenden 18. und des beginnenden 19. Jahrhunderts waren die Reformen des Marschall von Bieberstein mit Sicherheit eine Befreiung aus der Unfreiheit, aus der Unterdrückung. Seinen Wohnort frei wählen zu können, ohne Zustimmung eines Feudalherrn heiraten zu dürfen, nicht fortwährend in der Angst vor Strafe, Freiheitsentzug oder Enteignung leben zu müssen – kurz: die Sehnsucht nach

Freiheit und Selbstbestimmung –, das waren und sind existenzielle Bedürfnisse von Menschen zu allen Zeiten. Sie zu erkennen, sich für ihre Umsetzung einzusetzen und dazu die eigene Einflussmöglichkeit zu nutzen, das waren die zentralen Anliegen Marschall von Biebersteins. Ein Meilenstein war die Einrichtung von Simultanschulen. Sowohl Jungen als auch Mädchen, Schülerinnen und Schülern mit katholischer, mit reformierter, lutherischer oder jüdischer Religionszugehörigkeit stand mit der Einrichtung solcher Schulen das Recht auf Bildung offen. Ist das nicht genau das, was Paulus unermüdlich predigte, wenn er seine Zeitgenossen an Gottes Gerechtigkeit und an seine Verheißungen erinnerte. *„Hier ist nicht Jude noch Grieche, hier ist nicht Sklave noch Freier, hier ist nicht Mann noch Frau, denn ihr seid allesamt einer in Christus Jesus"* (Gal 3,28).

Das Anliegen von „bibliorama – das bibelmuseum stuttgart" ist es, ausgehend von der Geschichte ausgewählter biblischer Personen, Fragen zu unserem heutigen Leben zu stellen. Diese Personen fordern uns auf, über uns, unser Leben und seine Fragestellungen nachzudenken. So ist auch die Auswahl der Personen in dieser Sonderausstellung zu verstehen. Wir begegnen dort Menschen, die „alle die Suche nach dem richtigen Leben verbindet". Ihre Zeugnisse fordern uns heraus, fordern uns zur Reflektion unserer Umstände und Möglichkeiten auf. Wo erkennen wir heute Zeichen der Unfreiheit, der Ungleichheit, der Abhängigkeit? Wie können wir ihnen begegnen?

Als Marschall von Bieberstein 1834 starb, wurde er auf dem Friedhof von Hahnstätten, Rhein-Lahn-Kreis, bestattet. Es wird berichtet, dass Schulkinder Backsteine als Beitrag zum Bau der Grabkapelle für den Verstorbenen auf den Friedhof trugen und „Jung und Alt Anteil an dem Ableben eines verdienstvollen Mannes" nahm. Noch heute befindet sich die Gruft im Familienbesitz. So wird zumindest damit Marschall von Bieberstein ein sichtbares Andenken bewahrt, auch wenn er im historischen Gedächtnis der Region wenig verankert ist.

Einer seiner Nachfahren, Matern Marschall von Bieberstein (CDU), gehört als Vertreter des Wahlkreises Freiburg/Breisgau dem Deutschen Bundestag an. Damit ist auch heute ein Mitglied dieser weitverzweigten Familie politisch aktiv.

SUSANNE CLAUSSEN

Wer verschwindet im Dunkel der Geschichte? Über wen wird berichtet? In der Regel gilt: Je reicher und mächtiger eine Person war, desto besser ist die Quellenlage zu ihr. Kein Wunder also, dass Männer anders und öfter als einzeln greifbare Persönlichkeiten in die Geschichte eingegangen sind als Frauen. Es gab schließlich mehr mächtige und reiche Männer als Frauen. Es wurden weniger Biografien über Frauen geschrieben, es gab weniger Herrscherinnen als Herrscher, weniger Dichterinnen und keine Pfarrerinnen oder Professorinnen, deren Papiere archiviert worden wären. Insofern gibt es mehr Quellen, mehr Daten zur Geschichte von Männern.

Das soll aber nicht so fortgeschrieben werden. Unser Ziel ist Geschlechtergerechtigkeit. Dafür bedarf es einer gewissen Anstrengung. Unterlässt man diese Anstrengung, ergeht es einem wie „Wikipedia", der großen webbasierten Enzyklopädie, in der aktuell mehr als 80% der biografischen Einträge Männer betreffen.[1] Deswegen haben wir uns in dieser Sonderausstellung bemüht, auch ungewöhnliche Wege zu gehen und viel Forschungsmaterial zu sichten, um Frauenleben sichtbar zu machen. Deswegen gibt es hier noch ein eigenes Kapitel zu drei Frauen. Da Herzogin Pauline und Königin Olga in der Ausstellung am Ende stehen, seien sie hier ganz ausführlich gewürdigt.

Pauline, Herzogin von Nassau und Königin Olga von Württemberg

Die Familien von Pauline (1810–1856), die als württembergische Prinzessin geboren und später Herzogin von Nassau wurde, und der Zarentochter Olga (1822–1892), Königin von Württemberg, waren eng miteinander verbunden. Die Verbindung begann schon zwei, drei Generationen vorher, als Sophie Dorothee von Württemberg 1776 in das Haus Romanow einheiratete und Zarin wurde.[2] Von da an wurde immer wieder zwischen Württemberg und Russland geheiratet, und mit der Heirat von Pauline wurde 1829 die Verbindung zum Hause Nassau intensiviert. Zar Nikolaus I.

wurde Pate des ersten Sohns von Pauline, Prinz Nicolas, und ihr Stiefsohn, Herzog Adolph von Nassau, heiratete die Nichte des Zaren, Großherzogin Elisabetha Michailowna. Aber die adelige Heiratspolitik ist nicht das Einzige, was die Frauen verbindet. Einiges ähnelt sich in ihren Biografien. Mit ihrer Heirat wechselten beide von einer größeren, bedeutenderen Residenz in einen kleineren Staat: Olga zog vom Zarenreich nach Württemberg und Pauline von Stuttgart nach Wiesbaden. Wie sie das empfanden, wissen wir nicht. Über ihre wirtschaftliche Stellung, also über ihre Mitgift, ihren Unterhalt und ihre Absicherung als Witwen, hatten die Juristen ihrer Väter verhandelt, und diese Verträge sind erhalten. So brachte Pauline eine Mitgift von 33.000 rheinischen Gulden in die Ehe ein, die in den Etat der „Herzoglich Nassauischen Domänen-Kasse" einflossen. 10.000 Gulden erhielt sie im Gegenzug von Herzog Wilhelm als „Morgengabe", konnte darüber allerdings nur eingeschränkt verfügen, weil das Geld mit einer 10%igen Verzinsung fest angelegt war. Sie erhielt aber ein jährliches „Handgeld" von 12.000 Gulden, über das sie frei verfügen konnte. Den Lohn für ihre Dienstboten zahlte die Herzoglich Nassauische Domänen-Kasse. Was ihr geschenkt oder vererbt wurde, ging an sie persönlich und nicht in diese Kasse. Als Witwenrente waren 30.000 Gulden jährlich für sie vorgesehen. Man ahnte bei Vertragsabschluss nicht, dass sie schon mit 29 Jahren Witwe werden sollte.

Beide Frauen verbrachten viel Zeit in kleinen Schlösschen, die eigens für sie erbaut worden waren. Olga hatte freilich mehrere Residenzen zur Auswahl. Von vielen Zimmern im Alten und Neuen Schloss, im Kronprinzenpalais und in der Villa Berg in Stuttgart, im Schloss Friedrichshafen sowie im Schloss Solitude bei Stuttgart und im Schloss Ludwigsburg hat sie aquarellierte Zeichnungen gesammelt.[3] Besonders gern aber lebte sie in der Villa Berg im Osten von Stuttgart, die von 1846 bis 1853 eigens als Sommerresidenz für sie und Kronprinz Karl errichtet worden war. Pauline zog 1845 als Witwe ins neu erbaute „Paulinenschlösschen", das oberhalb von Wiesbaden einen schönen Ausblick auf die Stadt gewährte.

Beide Frauen hatten etwas, woran sie dauerhaft litten: Pauline war schwerhörig, fast taub. Möglicherweise war das eine Folge ihrer strengen Erziehung. Wenn sie als Kind im Schlaf unruhig war oder schnarchte, wurde sie zur Strafe geweckt, musste aufstehen und zwei Stunden lang auf dem Steinfußboden neben dem Bett stehen bleiben, barfuß. Sie litt als Kind viel an Ohrenentzündungen. Sie hasste ihre Schwerhörigkeit und galt als Erwachsene als leicht reizbar. Dazu kam, dass die Ehe mit ihrem Mann nicht glücklich war. Olga hingegen liebte ihren Mann Karl. Sie litt darunter, dass dieser von seinem Vater tyrannisiert wurde und lange „nur" Kronprinz war. Ihre Ehe blieb kinderlos, und auch das war für sie ein Unglück. Ihr Vorbild war ihr eigener Vater, aber die Machtfülle dieses Zaren erreichten die württembergischen Könige im 19. Jahrhundert nicht. Schon immer hatten die Stände in Württemberg großen Einfluss gehabt, und im 19. Jahrhundert wurden die Rufe nach politischer Mitbestimmung und Demokratie immer lauter. So muss Königin Olga das Gefühl gehabt haben, in einer verkehrten Zeit zu leben – und den Eindruck, aus der Zeit gefallen zu sein, erweckte sie offenbar auch bei anderen: *„War sie doch für unser Geschlecht ‚die Königin', und wie königlich vom Scheitel bis zur Zehe in ihrem ganzen Wesen und Gebaren! Solche Frauen werden nicht mehr geboren noch aufgezogen an den Höfen; ein ganzer Typus der fürstlichen Frau, wie sie uns lieb und verehrungswürdig war, sinkt mit der Königin Olga ins Grab …"*, pries eine Zeitgenossin die verstorbene Olga.[4] Herzogin Pauline wurde übrigens einmal ganz direkt mit der Forderung nach Demokratie konfrontiert. Auch in Nassau sehnten sich die Untertanen 1848 nach Freiheit und Verbesserungen. Sie hörten von Paris, von anderen südwestdeutschen Staaten und traten am 1. März 1848 in Wiesbaden zusammen, wo sie neun Forderungen formulierten. Paulines Stiefsohn, Herzog Adolph, weilte zu dieser Zeit in Berlin. Die Staatsminister fühlten sich zunächst nicht befähigt, allen Forderungen nachzugeben, und so spitzte sich die Lage in den nächsten Tagen zu. Am 4. März 1848 versammelten sich 30.000 Menschen vor dem Schloss, also etwa ein Drittel aller erwachsenen männlichen Nassauer. Da willigten die Minister in die Forderungen der Nassauer ein – und zwar mithilfe der Herzoginwitwe Pauline. Pauline verbürgte sich persönlich dafür, dass Herzog Adolph nach seiner Rückkehr die Forderungen annehmen werde. So wurden gewalttätige Ausschreitungen gerade noch verhindert.[5]

Trotz ihrer eigenen Schwierigkeiten engagierten sich beide Frauen sehr für andere. Vor allem dem Auf- und Ausbau von Gesundheitseinrichtungen widmeten sie viel Geld und Einsatz. Das Olgahospital in Stuttgart und die Paulinenklinik in Wiesbaden tragen ihre Wohltäterinnen heute noch im Namen, ebenso das Stuttgarter Gymnasium Königin-Olga-Stift. Die von Olga gestiftete Nikolauspflege für blinde und sehbehinderte Menschen trägt hingegen den Namen ihres Vaters. Es gibt noch viele weitere Einrichtungen, die mithilfe der beiden Frauen auf- und ausgebaut wurden. Das wurde von ihnen als „Landesmütter" erwartet und sie waren dazu erzogen worden, aber das schmälert nicht ihren Verdienst. Letztlich war es doch ihre eigene Entscheidung, aktiv zu werden, ihr Privatvermögen einzusetzen und zu helfen. Sogar manchmal ohne dass bekannt werden sollte, dass sie halfen – das war Pauline wichtig, wenn sie einzelne Menschen finanziell unterstützte.

Informationsschnipsel und Hintergrundwissen

So viel über Herzogin Pauline und Königin Olga bekannt ist, so dünn ist die Quellenlage für die anderen Frauen der Sonderausstellung. Wenn jedoch genug Hintergrundwissen über Epochen und Regionen gesammelt wurde, können auch einzelne Quellen, können auch kleine Informationsschnipsel ein ganzes Leben entfalten.

In Christina Schamlers Fall ist es vor allem eine einzelne Quelle, die uns ihr Leben vor Augen führt: das Verzeichnis ihres Besitzes zum Zeitpunkt ihres Todes. Hans Medick untersuchte es in seiner großen Studie „Weben und Überleben in Laichingen 1650 bis 1900", in der er das Leben in Laichingen auf der Schwäbischen Alb, wo viele Menschen von der Herstellung von Leinen in Heimarbeit lebten, aus Tausenden von Quellen umfassend und tiefgreifend rekonstruierte und untersuchte.[6] Medick schrieb damit die Mentalitätsgeschichte der pietistisch geprägten Bevölkerung der Schwäbischen Alb. Eine der Quellengattungen, auf die sich seine Untersuchung stützt, sind Inventare. Seriell und in großer Menge ausgewertet, geben sie Auskunft über soziale Zugehörigkeiten und wirtschaftliche Entwicklungen. Im Einzelfall gewähren sie einen faszinierenden Einblick in das Leben einzelner Verstorbener. Insgesamt wertete Hans Medick 1478 Besitzverzeichnisse aus. Eine seiner überraschenden Entdeckungen aus diesen Verzeichnissen ist die Vielzahl von Büchern, die in den Laichinger Haushalten zu finden waren. Fast 14.000 Bücher konnte Medick über die Jahrhunderte nachweisen. Schon dieser Befund widersprach dem gängigen Urteil, demzufolge sich früher die „einfachen" Leute auf dem Lande fernab größerer Bildungseinrichtungen kaum für Bücher interessiert hätten. Zudem konnte Medick nachweisen, dass nicht nur die Obrigkeit, also die Pfarrer, Lehrer und Amtmänner, Bücher besaßen, sondern dass in allen sozialen Schichten Laichingens gelesen wurde. Diese überraschende Erkenntnis lässt sich nur mit der tiefen religiösen Prägung der Gegend durch den Pietismus erklären. Das reformatorische Anliegen, das jede/r Gläubige imstande sein müsse, die Bibel selbst zu lesen, wurde im schwäbischen Pietismus weitergetragen und intensiviert. Viele Bücher, vor allem Bibeln, Gesangbücher und andere Schriften mit religiösem Inhalt, wurden in Laichingen gekauft, bewahrt, vererbt – und gelesen, auch von Menschen, die sonst kaum materiellen Besitz hatten.

So ein Mensch war die alleinstehende Näherin Christina Schamler.[7] Sie lebte unter einfachsten Bedingungen. Ihr Besitz zum Zeitpunkt ihres Todes im Jahr 1790 umfasste neben wenigen Haushaltsgegenständen und Kleidungsstücken einen Scheffel Dinkel, eine Schere, einen kleinen Vorrat an Garn und Faden – und 18 Bücher. Das Verzeichnis listet die Bücher einzeln auf und gibt ihren Wert an. Dank der detaillierten Forschung über ihr Umfeld setzt Hans Medick ihr Leben ins Verhältnis zu ihren Zeitgenossen. Christina Schamler war arm, alleinstehend und hatte keine tragfähigen Beziehungen zu ihrer unmittelbaren Umgebung – Menschen aus dem Nachbarort zahlten für ihre medizinische Versorgung und für ihre Beisetzung. Sie gab viel Geld für Bücher aus und wählte offenbar eigenständig Autoren, die eine radikale Nachfolge Christi predigten. Sie las, dass das wahre Christentum nicht in der Kirche gelebt werden könne, dass Bekenntnisse wertlos seien, solange das Herz nicht erfasst sei, dass die Keuschheit der Ehe vorzuziehen sei und vieles mehr, was im Widerspruch zu dem stand, was in Kirchen und Schulen verkündet wurde. Trennten diese Überzeugungen Christina von ihrem Umfeld? Oder war sie schon eine Außenseiterin, als sie in diesen Büchern Trost fand? Diese Fragen werden unbeantwortbar bleiben – aber wir wissen immerhin genug über diese Frau, um sie stellen zu können. Und wir sehen eine Frau vor uns, die im Lesen einen Weg zur Selbstbestimmung fand. Sie wird unvergessen bleiben, obwohl sie im Vergleich zu anderen arm und machtlos war.

Anmerkungen

1   https://de.wikipedia.org/wiki/Geschlechterverteilung_in_der_Wikipedia, Abfrage vom 20.02.2021.

2   Landesausstellung Stuttgart 2013, Altes Schloss: Im Glanz der Zaren. Die Romanows, Württemberg und Europa.

3   Siehe dazu: Staatsgalerie Stuttgart (Hg.): Das Olga-Album. Ansichten von Wohn- und Repräsentationsräumen der Königlichen Familie von Württemberg. Stuttgart 2009.

4   Hildegard Freifrau vom Spitzenberg, 1892, zit. in: Staatsgalerie Stuttgart 2009 (a. a. O.), S. 18.

5   Hessisches Hauptstaatsarchiv Wiesbaden (Hg.): Herzogtum Nassau 1806–1866. Politik, Wirtschaft, Kultur. Wiesbaden 1981, hier S. 19–35.

6   Medick, Hans: Weben und Überleben in Laichingen 1650–1900. Lokalgeschichte als Allgemeine Geschichte. Göttingen 1997.

7   A. a. O., S. 510 ff.

Ludwig Hofacker

Ein wortgewaltiger Prediger

FRANZISKA STOCKER-SCHWARZ

Massenweise strömten die Menschen zu Pfarrer Ludwig Hofacker (1798–1828) in die Stuttgarter Leonhardskirche, um das Wort Gottes aus seinem Mund zu hören. Er wurde als „Volksredner im edlen Stil"[1] beschrieben. Er predigte packend und drastisch. Die Worte waren lebendig und kräftig, für manche Ohren auch derb.
Sein Leben war von Krankheitsattacken geprägt. Er starb im Alter von nur 30 Jahren. Trotzdem war er einer der wichtigsten Vertreter der Erweckungsbewegung in Württemberg, dessen Ruf und Name bis heute bekannt ist.

Ein kurzes Leben, aber ein starkes Predigtwort

Ludwig Hofacker wurde am 15. April 1798 als dritter von sieben Söhnen der Friederike Hofacker geb. Klemm und des Pfarrers Karl Friedrich Hofacker in Wildbad/Schwarzwald geboren. Die Familie siedelte noch 1798 von Wildbad nach Gärtringen bei Herrenberg, 1811 nach Öschingen bei Tübingen und schließlich 1812 nach Stuttgart über, wo der Vater das Stadtpfarramt an der Leonhardskirche übernahm und gleichzeitig das Amt des Dekans bekleidete.
Ludwig Hofackers Vater war ein Vertreter des Supranaturalismus: Die Theologie jener Zeit war von einem Umbruch geprägt, der sich sowohl in der Philosophie als auch in der Politik vollzog. Als Antwort auf die Aufklärung, eingeleitet durch Immanuel Kant (1724–1804), entwickelten sich in der Kirche zwei Denkarten. Die Supranaturalisten nahmen göttliches Eingreifen, wie es in den biblischen Traditionen überliefert ist, als grundlegend möglich an, untersuchten die Bibeltexte aber mit kritischem Verstand. Daraus entstanden liturgische Veränderungen, die schließlich nur noch eine moralische, politische Ausrichtung besaßen und der eigenen Spiritualität keinen Raum gaben. Dies stieß auf scharfe Kritik im Pietismus und seiner Schriftauslegung, deren Vertreter mit den Schriften Johann Jakob Speners (1635–1705) und der Lehrtätigkeit von Johann Albrecht Bengel (1687–1752) und Friedrich Christoph Oetinger (1702–1784) in Württemberg an Zahl stark zugenommen hatte.

Ludwig Hofacker entschied sich schon früh für den Werdegang des Pfarrers. Sein Vater fragte ihn kurz nach seiner Konfirmation im Alter von 14 Jahren, ob er gerne Pfarrer werden würde. Ludwig sagte zu: *„Ich antwortete ihm, ich wolle Theologie studieren und Fleiß brauchen. Von nun an war ich zum Theologen bestimmt, und ich war in meinen Gedanken schon ein Pfarrer."*[2] Daraufhin durchlief Ludwig Hofacker die kirchlichen Schulen: das niedere Seminar Schönthal und das Seminar Maulbronn. Im September 1816 wurde er ins Evangelische Stift in Tübingen aufgenommen. Die ersten zwei Jahre, das philologische und philosophische Studium, beschreibt Hofacker im Rückblick folgendermaßen: „Ich wandelte in einem beständigen Traum. Die Weisheit dieser Welt, die ich begierig in mich sog, hatte mir den Kopf vollends verrückt." Zu Beginn des eigentlichen Theologiestudiums im Herbst 1818 wurde der Entschluss in ihm geboren: „Ich brauche Christus, wenn ich nicht zu Schanden werden soll; ich soll sein Diener werden – ich will ihm auch nachfolgen." So orientierte er sich mehr und mehr im Sinne Speners an der Gemeinschaft mit den Brüdern.

Schon im Evangelischen Stift fiel Hofacker bei den Predigtübungen auf. Albert Knapp schrieb dazu: *„Vielfach wurden jene sonntagnachmittäglichen Vorträge, wobei immer drei bis vier Prädikanten auftraten, theils von unerträglicher Lauigkeit und geistlicher Ignoranz, theils von philosophischer Verwirrung und hohlem Übermuthe ganz ohne Segen abgelegt. Hofacker war daher auf jener Kanzel eine gar merkwürdige Erscheinung, wenn er vor dem bunten, regellosen Schwarme von nahezu 200 Jünglingen mit seinem feurig-freien Zeugniß für den Sohn Gottes auftrat. Schon damals quoll seine Rede stromgleich hervor."*[3] Seine Predigt zog selbst die Glaubensgenossen aus der Stadt ins Stift, und schließlich durfte Hofacker vom Großen Saal des Stifts in die Schlosskirche umziehen, um seine Predigtübung zu halten. Vom Predigtinstitut erhielt Hofacker auch eine gute Beurteilung: *„M. Hofacker entwickelte ein vorzügliches Prediger Talent. Der Inhalt seiner Predigten war textgemäß, kräftig, ergreifend, voll wahrhaft christlichen Lebens; die Darstellung geordnet und beredt, der äußere Vortrag würdig und lebendig. Er sprach aus dem Gedächtniße. Uebrigens war die Aktion noch nicht durchaus richtig."*[4]

Von Krankheiten gepeinigt

Am 18. August 1820 erlitt Ludwig Hofacker einen Sonnenstich, der zu einem völligen Zusammenbruch seiner Gesundheit führte. Eine wohl erblich veranlagte Nervenkrankheit kam dabei zum Vorschein und ließ Hofacker wochenlang zu Bett liegen. Als Rekonvaleszent verließ er Tübingen und kam zu seinen Eltern nach Stuttgart.

Von nun an prägte Krankheit seiner eigenen Person oder von Personen in seinem näheren Umkreis sein Leben und seinen Dienst. Als Krankheitsvertretung von Pfarrer M. Puchner wurde Hofacker am 6. September 1820 als Vikar nach Stetten geschickt.

„Ich bin noch ziemlich angegriffen, was ich jetzt erst fühle, seitdem ich wieder zu arbeiten angefangen habe."[5] So schrieb Hofacker von dort aus einem Freund. Am 20. November desselben Jahres wurde er nach Plieningen gerufen, um Pfarrer Kielmann zu vertreten, der einen Schlaganfall erlitten hatte. 1820 brach auch die Nervenkrankheit seines Bruders Max stark hervor. Im Februar 1821 war Hofacker selbst einer weiteren Krankheitsperiode unterworfen, der ersten längeren. Sie dauerte bis zum Spätherbst 1822. Er schrieb: *„Dies wollte mir gar nicht gefallen. Ich probierte alles Mögliche. Ich betete und flehte, daß doch die Krankheit weichen möchte. Ich murrte, aber der Heiland ließ mich trotz allen Sträubens und Schreiens nicht aus meinem Gefängnis. Ich mußte in das väterliche Haus zurück, um mich kurieren zu lassen."*[6]

In dieser fast zweijährigen Geduldsprobe lernte Hofacker am eigenen Leibe, was Gnade heißt: *„Ich wartete von Woche zu Woche und von Monat zu Monat und mußte zwei ganze Jahre warten. Wie viel Arbeit kostete es den Geist Gottes, bis er mir nur begreiflich machte, daß ich ein entbehrliches Werkzeug, und daß es Gnade sei, wenn er mich brauche."*

Nachdem Ludwig Hofacker wieder etwas kräftiger war, übernahm er Beerdigungen und auch Krankenbesuche in Stuttgart in Vertretung seines kränklichen Vaters. Am 31. Januar 1823 hielt er seine erste Predigt in der Stuttgarter Leonhardskirche. *„Der Eindruck derselben war entschieden, gewaltig und verbreitete sich wie ein Lauffeuer durch die Gemeinde hin, die in vielen ihrer Mitglieder sich auf weitere Zeugnisse dieser Art sehnsuchtsvoll freute"*, lautete der Kommentar dazu von Albert Knapp.[7]

Im März 1824 traf Vater Hofacker ein Schlaganfall. Ludwig Hofacker wurde zum Stadtvikar an der Leonhardskirche bestellt und predigte nun fast jeden Sonntag. Er lebte in dieser Zeit im Kreise seiner Familie. Gemeinsam mit seiner Mutter kümmerte er sich um seinen kranken Vater und den nervenkranken Bruder Max. Am 27. Dezember 1824 starb der Vater. Als Amtsdekan wurde Pfarrer Christian Adam Dann nach Stuttgart gerufen. Hofacker wurde zunächst als Stadtvikar auf der Stelle belassen. 1600 Unterschriften gingen mit der Bitte beim Konsistorium ein, Hofacker zum Diakonus, also einer ständigen Pfarrstelle an der Leonhardskirche zu bestellen. Jedoch vereitelte ein erneuter Krankheitsausbruch im Februar 1825 diese Beförderung. Kuraufenthalte brachten wenig Besserung. Hofacker blieb bis zum Februar 1826 arbeitsunfähig. Im März 1826 wurde Hofacker zum Pfarrer in Rielingshausen bei Marbach bestellt. Dort hielt er am 2. Juli 1826 seine Antrittspredigt über Jesaja 45,11. Er begann mit einer Strophe des Liederdichters Philipp Friedrich Hiller (1699–1769): *„Daß ich schwach bin, wird Er wissen, Daß Er stark ist, weiß auch ich; Der mich aus dem Tod gerissen, ist noch dieser Gott für mich!"*[8]

Es ist wahrscheinlich, dass die Erfahrung der eigenen Krankheit, die Nähe des nervenkranken Bruders, das Sterben des Vaters und die vielen Berührungen mit kranken Menschen, seien es die von ihm als Vikar vertretenen Pfarrer, seien es von ihm besuchte Gemeindeglieder, Hofacker dazu führten, seine Predigten christologisch zu konzentrieren und das Leiden und Sterben Christi so bildhaft und anschaulich zu schildern. Auch in Rielingshausen musste Hofacker sich einer Kur unterziehen. Im Februar 1827 musste ihm der linke Ringfinger abgenommen werden. Seine Mutter war ihm stets eine treue Pflegerin. Sie starb im Mai 1827. Am Osterfest 1828 predigte er zum letzten Mal. Danach brach eine vierte Krankheitsphase an, Hofacker erkrankte an der „Wassersucht". Am 18. November 1828 starb Ludwig Hofacker.

Ludwig Hofackers Predigtziel

Das Ziel der Predigten Ludwig Hofackers lässt sich anhand seiner eigenen Angaben klar aufzeigen. Er schrieb in einem Zirkular nach seinem Amtsantritt in Rielingshausen: *„Es ist ein ganzer Missionsposten. Am Sonntag ist Sturm. Stuttgarter und Leute aus der weiten Umgegend strömen hierher; sie wollen einander erdrücken um das Wort Gottes. Ich predige, was ich selbst brauche, Buße und Vergebung der Sünden, – evangelischer, als in Stuttgart; der Heiland gibt's mir. Ich bitte, ich flehe inständig: ‚Lasset Euch versöhnen mit Gott! Kommt, Sünder, und blicket dem ewigen Sohne in's Herz, in die Nägelmal', unter die Krone!' – Das ist also meine Hauptpredigt. Ich darf sagen, ich predige das Lamm, das geschlachtet ist. Das ziehet die Geister, o Brüder, das ziehet die Geister! Es ist schade um die vielen Worte, die man auf den Kanzeln macht, die nicht auf Ihn gehen."*[9]

Das Ziel blieb für Hofacker dasselbe als Student, als Vikar und als Pfarrer: *„Das soll der Hauptinhalt jeder Predigt des göttlichen Wortes sein: Jesus, der Gekreuzigte! – Ach wie wünschte ich, daß ich die Gnade hätte, das Kreuz Christi so darzustellen, daß es von aller Augen gesehen würde!"*[10] Man kann Ako Haarbeck zustimmen: *„Der Grund dafür, daß sich Hofackers Interesse so fast ausschließlich auf das Kreuz bezieht, ist darin zu sehen, daß er hier in einem Bild die Wirklichkeit Gottes und die der Menschen zu schauen vermag."*[11]

Indem er das Bild vom Gekreuzigten vor den Augen seiner Hörerinnen und Hörer entfaltet, will Hofacker sie in die Liebe Gottes hineinführen: *„Nur durch Anerkennung der Liebe, die uns zuerst geliebt hat, kann Satans Werk in uns zerschlagen und ausgefegt werden. Das Gesetz kann auch zerschlagen, aber es ist, als wenn du ein Stück Gummi mit dem Hammer zerschlagen wolltest. Solange der Hammer darauf liegt, bleibt es breit, tut man aber den Hammer weg, so geht es wieder zusammen. Da muß man mit Feuer, und zwar mit Liebesfeuer kommen und die Materie zergehen und zerfließen lassen. Das hilft, und das hilft allein."*[12]

Charakteristika der bildhaften Sprache bei Ludwig Hofacker

Tatsächlich springt den heutigen Lesern und Leserinnen die außergewöhnliche Beschreibung des gekreuzigten Jesus sofort ins Auge. Bildhaft, anschaulich, ja schon fast überdeutlich zeichnet Hofacker den Gekreuzigten vor den Augen der Zuhörenden.

„Tritt näher herzu, Seele, betrachte und beschaue ihn von Kopf bis Fuß. Sieh, hier hängt er mit ausgespannten Armen zwischen Himmel und Erde! Sie haben große Nägel genommen und ihn damit an Händen und Füßen an das Kreuzholz genagelt. Aus diesen Nägelwunden fließt sein Blut über seinen heiligen Leib hinunter und fällt in großen Tropfen auf die Erde. Er aber hängt da blaß und entstellt; sein Haupt ist mit einer Dornenkrone gekrönt; sein Angesicht ist mit Blut überdeckt; seine Wangen sind aufgeschwollen von den vielen Backenstreichen; sein Rücken ist zerfleischt von den Geißelhieben; sein ganzer Leib ist matt bis zum Tode ... So hängt er da, der Herr der Ehren, am Schandpfahl, nackt, in der alleräußersten Verachtung, ein Spott der Leute, eine Verachtung des Volks, sechs Stunden lang, bis er sein Haupt in den Tod neigt." So spricht er in einer Karfreitagspredigt über Lukas 23,39–43.

Ein Bild des Heilands lässt Hofacker aber nicht nur durch die konkrete Beschreibung des Gekreuzigten entstehen, er wendet auch eine Vielfalt von sprachlichen Mitteln an, um ein Bild im Personzentrum der Hörerinnen und Hörer zu entfalten: *„Das Lamm, das geschlachtet ist, muß ins Herz hinein."*[13] Dazu redet er „populär, platt, deutlich": Er verwendet Beispiele und Vergleiche aus dem bäuerlichen Leben in Rielingshausen, zieht die Alltagsarbeit seiner Zuhörerschaft als Anschauungsmaterial heran.

„Ich will von den Tieren reden, sie sind dankbarer als wir. Betrachtet einmal einen Hund. Ein Hund ist dankbar gegen den, der ihm sein Futter gibt. Er hängt sich an ihn; er liebt ihn ... Dies tut ein Hund nur nach seinem Naturtrieb gegen seinen Wohltäter, der ihm vielleicht seit einigen Wochen oder Monaten das Futter reicht, und sonst nichts als Futter ... Können wir, die wir doch vernünftige Geschöpfe sind, auch uns in Hinsicht auf die Dankbarkeit einem solch unvernünftigen Geschöpf gleichsetzen?" Dieser Vergleich stammt aus der Predigt zum 14. Sonntag nach Trinitatis. Lukas 17,11–19, die Heilung der zehn Aussätzigen, liegt als Predigttext zugrunde.

Rhetorisch geht er geschickt vor. Er setzt gezielt Fragen, Imperative und die direkte Rede ein. Er tritt in den Dialog mit seinen Hörern und Hörerinnen. Die Wirkung der einzelnen Stilelemente verdichtet er durch Aneinanderreihung derselben. Die biblischen Grundwahrheiten versetzt Hofacker in seine Zeit, indem er häufig im Präsens spricht, den Predigttext narrativ aufnimmt und bewusst eine Horizontverschmelzung hervorruft.

Besonderes Augenmerk richtet Hofacker auf die Fantasien seiner Zuhörerinnen und Zuhörer. Er versteht sie als Menschen, die ihre Bedürfnisse, Wünsche und Träume, aber auch ihr Selbstverständnis und ihre Leistungen in „Bildern" mit sich tragen. Diese „in Bildern gefangenen" Menschen will er befreien, indem er ihnen ein neues Bild predigt: *„Wie sich nun in uns von Natur Sündenbilder erzeugen, so muß das Bild Christi in uns lebendig werden. Er muß ... zum einzigen Lieblingsbild werden, das uns überall begleitet."*[14]

Das Bild selbst wird bei Hofacker zum Bild. Andere auslegbare Bilder finden sich in seinen Predigten selten. Die Bildhaftigkeit der Sprache Hofackers zielt also auf das Personzentrum des Menschen selbst, das Herz. Verschiedene sprachliche Mittel werden eingesetzt, um den Menschen unter der Kanzel zu erreichen. *„Ich wollte, ich könnte meine Worte zu Spießen und Nägeln machen für Verstand und Herz meiner Zuhörer."*[15]

Auffällig an den zehn untersuchten Predigten ist die starke christologische Zentrierung.[16] Über den Gekreuzigten zu predigen, das ist gut reformatorisches Anliegen. Aber die Hinrichtung so drastisch zu schildern ist außergewöhnlich. Der Gekreuzigte wird auch zum Ausgangspunkt der Rede über die Sünde („Der Heiland ist das Bild der Sünde") und zum Zielpunkt allen Glaubens („Das Lamm, das geschlachtet ist, muß ins Herz hinein"). Hofacker verfolgt seine eigenen Vorsätze konsequent. Gleichwohl kann ihm nicht eine prinzipielle Vernachlässigung des ersten Glaubensartikels vorgeworfen werden. Die Rede über den Schöpfer hat in den untersuchten Predigtbeispielen ihren Platz. Jedoch ist bei Hofacker die enge Verbindung von erstem und zweitem Glaubensartikel auffällig. Das Wirken des Heiligen Geistes an seinen Hörern und Hörerinnen ist das Ziel von Hofackers Erweckungspredigt. Der Geist muss die Augen öffnen. Der dritte Glaubensartikel wird zum Fluchtpunkt jeder Predigt. Ausführlich und scharf redet Hofacker über die Sünde. Er weist die Götzenbilder im Leben eines jeden Menschen nach. Er geht dabei auf den ganzen Menschen ein: auf das, was jeder Mensch denkt, fühlt, wünscht, tut und sieht. Sein Gedankengang erinnert an Luthers Genesisvorlesung: Der Mensch ist ein „animal rationale habens cor fingens": *„ein vernunftbegabtes Wesen, mit einem Herzen, das dichtet, Bilder macht, fingiert"*[17].

Aber Hofacker lässt seine Hörerinnen und Hörer nicht als verurteilten Sünder unter seiner Kanzel stehen, sondern stellt sich mit seiner Predigt mitten unter seine Hörerschar. Auch er ist ein Sünder und bedarf der Vergebung. Sein Ruf zur Buße ist also kein scheidender Aufruf zur einmaligen Umkehr, sondern ist verbunden mit der täglichen Buße, die er selbst benötigt. Dies wird auch an den doxologischen Ausrufen

deutlich, die er immer wieder als Betender in seiner Predigt laut werden lässt.
So eindrucksvoll gegenwärtig Jesus Christus in jeder Predigt von Hofacker gezeichnet wird, muss doch festgestellt werden, dass mit einer narrativen, horizontverschmelzenden Aufnahme des Predigttextes die homiletische Exegese nicht ausgeschöpft ist.
So gezielt jeder einzelne Hörer, jede Hörerin als „Du" von ihm angeredet wird, ist wiederum auffällig, dass die Gesellschaft, in der sie leben, und die zeitgeschichtlichen, politischen Umstände keinerlei Rolle in seiner Predigt spielen. Der persönlichen Anrede fehlt der gesellschaftliche Rahmen. Indes erklärt seine persönliche Biografie, nämlich die häufigen, heftigen Krankheitszeiten, einerseits die Intensität der Predigt über das Leiden, andererseits den Mangel an gesellschaftspolitischem Engagement.

Wenige Dienstjahre – gewaltige Wirkung

Ludwig Hofackers Predigten hatten anhaltende Wirkung. Nur jeweils zwei Jahre wirkte er an der Leonhardskirche in Stuttgart und dann in Rielingshausen. Dennoch trugen diese Predigten zu einer Prägung der kirchlichen Landschaft in Württemberg maßgeblich bei. Ein Jahr vor seinem Tod erschienen die „Predigten für alle Sonn-, Fest- und Feiertage nebst einigen Grabreden von M. Ludwig Hofacker, weil. Pfarrer in Rielingshausen in Württemberg". Die Auflagenzahlen schnellten so in die Höhe, dass schon im Jahr 1845 die zehnte Auflage beim renommierten Verlag J. F. Steinkopf erschien, im Jahr 1864 dann die 26. Auflage. Der Zusatz „Ausgabe letzter Hand" würdigt hier das originale Wort von Ludwig Hofacker. Die Bibelausgabe Martin Luthers aus dem Jahre 1545 wird ebenfalls die Ausgabe „Letzter Hand" genannt. Hofackers Predigten durch das Kirchenjahr wurden erst in einem Band, dann in zwei Bänden nun in 52. Auflage gedruckt. Sie wurden in mehrere Sprachen übersetzt.
Sein Name wird in verschiedenen Gebäuden geführt: Ludwig-Hofacker-Kirche in Stuttgart; Ludwig-Hofacker-Kirche in Marbach-Rielingshausen; Ludwig-Hofacker-Gemeindehaus in Bad Wildbad.
Die erweckliche Bewegung in Württemberg, die in den 1950er-Jahren entstand, nannte sich bis 2011 „Ludwig-Hofacker-Vereinigung".
So ist sein Predigtwort bis heute unvergessen.

Ungleiche Paare

Ludwig Hofacker

Begnadeter Prediger (1798–1828)

Ludwig Hofacker war zu seiner Zeit der bekannteste Prediger Stuttgarts. Massenweise strömten die Menschen in die Leonhardskirche, um das Wort Gottes aus seinem Mund zu hören. Oft und lange war er krank; er starb bereits im Alter von 30 Jahren. Trotzdem war er einer der wichtigsten Vertreter der Erweckungsbewegung in Württemberg.

Pietistische Orientierung

In der Bergpredigt Jesu (Mt 7,13 f.) wird der Weg zum ewigen Leben als ein „schmaler Weg" mit einer „engen Pforte" beschrieben, während der Weg ins Verderben breit sei. Diese Bibelstelle wurde immer wieder in Bilder übersetzt. Das bekannteste Bild dazu wurde von Charlotte Reihlen entworfen und vom Lithografen Conrad Schacher umgesetzt. 1866 erstmals erschienen, ist ihr Bild vom „Breiten und Schmalen Weg" eine detaillierte Schilderung der damaligen pietistischen Ethik. Viele von Lottes „Projekten" sind auf dem schmalen Weg zu finden.

Charlotte Reihlen

tatkräftige Gläubige (1805–1868)

Diese Erweckungsbewegung erfasste auch Charlotte Reihlen. „Lotte", Pfarrerstochter und Frau eines wohlhabenden Stuttgarter Unternehmers, feierte später nicht mehr den Tag ihrer Geburt, sondern den 19. Juni 1830 als den Tag, an dem sie zu Jesus fand. Sie hielt sich an die Leonhardskirche und wirkte von dort in die Welt hinein. So gründete sie die erste evangelische Schule in Stuttgart (das heutige Mörike-Gymnasium) und die Stuttgarter Diakonissenanstalt, sie unterstützte die Württembergische Bibelanstalt und die Basler Mission – und sie gab ein Bild in Auftrag, das lange Zeit jede/r württembergische Gläubige kannte: das Bild vom „Breiten und Schmalen Weg".

Freiheit?

Ludwig Hofacker und Lotte Reihlen lebten in einer Zeit, als die Menschen eine neue Freiheit entdeckten und zum Beispiel in Form von Menschenrechten beanspruchten. Das war aber nicht Ludwigs oder Lottes Verständnis von „Freiheit". Politische Freiheit war ihnen der Freiheit, die man ausschließlich in Jesus Christus finden könne, unter- und nachgeordnet. Hofacker predigte, man müsse Freiheit in der Vergebung der Sünden finden. Reihlen war der Überzeugung, dass Freiheit nur im Dienst am Nächsten zu finden sei.

Nichts geleistet?

Ludwig Hofacker und Charlotte Reihlen haben beide sehr viel bewegt. Dass wir sie heute dafür bewundern, wäre ihnen aber wahrscheinlich nicht recht. Beide empfinden sich als bloße Werkzeuge Gottes und als ziemlich unvollkommene dazu. Beide waren davon überzeugt, dass sie Sünder seien und der Gnade Gottes bedürften.

Anmerkungen

1. Knapp, Leben von Ludwig Hofacker.
2. Hofacker, Predigten in zwei Bänden, Bd. 1, S. 8 ff. und weitere Zitate ebenda.
3. Knapp, S. 57.
4. Raupp, Ludwig Hofacker und die schwäbische Erweckungspredigt, S. 17.
5. Knapp, S. 85.
6. Hofacker, Bd. 1, S. 12. Dies und das nächste Zitat ebenda.
7. Knapp, S. 135.
8. Knapp, S. 204.
9. Knapp, S. 221.
10. Hofacker, Predigten, Bd. 2, S. 24.
11. Haarbeck, Ludwig Hofacker und die Frage nach der erwecklichen Predigt, S. 51. Ähnlich Raupp, S. 32.
12. Aus einem Brief in Predigten, Bd. 1, S.34.
13. Knapp über die Investiturpredigt, in Knapp, S. 242.
14. Predigten, Bd. 2, S. 275 f.
15. Predigten, Bd. 1, S.75.
16. Die gesamte Untersuchung kann bei der Württembergischen Bibelgesellschaft bestellt werden.
17. WA 42, 348, 38. Übersetzung bei O. Bayer, Martin Luthers Theologie. Eine Vergegenwärtigung, Tübingen ³2007, S. 158.

Literaturverzeichnis

Hofacker, Ludwig: Predigten in zwei Bänden, 51. Aufl., Lahr-Dinglingen 1977.

Knapp, Albert: Leben von Ludwig Hofacker, 4. Aufl., Heidelberg 1872.

Beyreuther, Erich: Ludwig Hofacker, Wuppertal 1988.

Haarbeck, Ako: Ludwig Hofacker und die Frage nach der erwecklichen Predigt, Neukirchen 1961.

Raupp, Werner: Ludwig Hofacker und die schwäbische Erweckungspredigt, Gießen 1989.

Autorinnen und Autoren

Dr. Susanne Claußen (45), Studium der Religionswissenschaft, Kunstgeschichte und Empirischen Kulturwissenschaft, Promotion. Lange freiberuflich für die Evangelische Landeskirche Württemberg tätig (bibliorama – das bibelmuseum stuttgart und Ausstellungsprojekte), seit 2019 Fachstelle Bildung und Erwachsenenarbeit im Dekanat Wiesbaden (Evangelische Kirche Hessen-Nassau). Lebt mit Familie in Wiesbaden.

Traudl Reichert (73), Studium an der Päd. Hochschule Reutlingen, 1998–2005 Schulleiterin an der Evang. Grundschule Nordhausen (Thüringen), 2005–2013 stellvertr. Schulleiterin an der evang. Johannes-Brenz-Schule in Stuttgart. Seit 2013 im Ruhestand. Seit 2015 Tätigkeit am bibliorama – das bibelmuseum stuttgart als Museumsbegleiterin und in der Planung neuer Führungsformate.

Claudia Renetzki (48), Diplom-Designerin und ausgebildete Buchbinderin im Handwerk, Studium Visuelle Kommunikation, Buchgestaltung und Photographie in Mainz und Paris, mit dem Atelier „buch + photo + design" seit 2000 selbstständig in Wiesbaden. Glücklich verheiratet und vier wunderbare Kinder.

Sebastian Schmauder (37), geb. in Kirchheim/Teck, verheiratet, drei Kinder. Studium der Evang. Theologie in Tübingen und Marburg, Tutor im Albrecht-Bengel-Haus, Vikariat in Stuttgart, seit 2017 Gemeindepfarrer in Holzelfingen und Ohnastetten.

Beate Schuhmacher-Ries (59), Studium der Religionspädagogik und Gemeindediakonie in Freiburg, Weiterbildungen in TZI, Organisationsentwicklung/Gemeindeberatung und Coaching, Gemeindediakonin in der badischen Landeskirche, Referentin für Kindergottesdienst im Dekanat Bergstraße in der EKHN, seit 2014 Religions- und Museumspädagogin im bibliorama in Stuttgart.

Franziska Stocker-Schwarz (59), geb. in Pforzheim, Studium der Evang. Theologie in Tübingen und Aberdeen, langjährig Gemeindepfarrerin gem. mit ihrem Ehemann Pfr. Jürgen T. Schwarz in Wilhelmsdorf/Oberschw. und Stuttgart, drei erwachsene Kinder, seit 2015 Leiterin der Württembergischen Bibelgesellschaft und des bibliorama – das bibelmuseum stuttgart.

Jürgen T. Schwarz (60), geb. in Pforzheim, Studium der Evang. Theologie in Tübingen und Aberdeen, Gemeindepfarrer in Wilhelmsdorf/Oberschw. und Stuttgart gem. mit seiner Ehefrau Pfrin. Franziska Stocker-Schwarz, seit 2005 Dozent für Biblische Theologie und Exegese an der Evangelischen Missionsschule Unterweissach, drei erwachsene Kinder.

Dr. Frank Zeeb (56), geb. in Pforzheim, Studium der Evangelischen Theologie, Altorientalischen Philologie, Semitistik und Islamwissenschaft in Neuendettelsau, Tübingen und Münster i. W., Gemeindepfarrer gem. mit seiner Ehefrau Ute Bögel in Nellmersbach, 2009–2020 Referatsleiter für Theologie, Gottesdienst, Gemeinde und Gesellschaft im Ev. OKR in Stuttgart, seit 2020 assoziierter Forschungsprofessor am Institut für Ökumenische Forschung in Straßburg.

Dank für die Beteiligung an der Realisierung an
Sabine Bittner
Anjali Pujari, Stadtarchiv Wiesbaden
Claudia Renetzki
Berndt Richter, Firma Ligneolus
Hermann und Elfriede Roos

Dank an die Leihgeber
Archäologisches Landesmuseum Württemberg
Botanischer Garten Schloss Bieberstein Hahnstätten
Förderverein Freundeskreis Prälat Magnus Friedrich Roos e.V.
Franckesche Stiftungen/Studienzentrum August Hermann Francke, Archiv
Heimatmuseum Reutlingen
Hessisches Hauptstaatsarchiv Wiesbaden
Kirche Bolheim
Landesamt für Denkmalpflege Baden-Württemberg
Landesamt für Denkmalpflege Hessen
Landesarchiv Baden-Württemberg/Hauptstaatsarchiv Stuttgart
Museen der Stadt Kornwestheim
Staatsgalerie Stuttgart
Stadtarchiv Stuttgart
Stadtmuseum Wiesbaden